REIHE ERLÖSTES DASEIN

AF191654

In der Reihe sind bisher erschienen:

Maurice Bellet · Das Leben lieben
Xves de Montcheuil · Zeugnis für die Wahrheit
Ladislaus Boros · Im Menschen Gott begegnen

LADISLAUS BOROS

ERLÖSTES DASEIN

Theologische Betrachtungen

1. Auflage 2001
©Annegret Boros, Aschaffenburg
Herstellung: Books on Demand GmbH
ISBN 3-8311-2155-9

INHALT

Einleitung

Die folgenden sechs theologischen Betrachtungen beschäftigen sich mit dem schwierigsten Problem, das einem denkenden Menschen gestellt ist: mit dem Menschenleid. Bei dem Versuch, diese Frage zu beantworten, entscheidet sich, ob das menschliche Leben, ja das Leben überhaupt einen Sinn hat. Noch mehr: Von der Antwort hängt für viele ab, ob es einen Gott gibt, und wenn es ihn gibt, ob er ein großer, barmherziger und liebender Herr ist oder ein kleiner, bedrohlicher und unberechenbarer Tyrann. Das Menschenleid kann zur größten Versuchung unserer Existenz werden. Wie kann Gott soviel Grausamkeit, Ungerechtigkeit und Böswilligkeit, soviel Unterdrückung der Unschuldigen mitansehen? Warum muß sein Freund genauso leiden wie sein Feind? Warum zeigt er seine Macht nicht deutlicher? Warum müssen Menschen, unsere Freunde und Nächsten, für die wir gläubig beten, in ihrer Angst und Verzweiflung bleiben, ohne daß ihnen dauernde Erleichterung gewährt wird?

Und so gehen die Fragen weiter. Wer hat mich hineingestoßen in diese leidvolle Welt, ohne mich gefragt zu haben? Warum bin ich — der ich einen unsterblichen Geist in mir trage — hineingebunden in die Leiblichkeit, in das Vergängliche, in den Zerfall? Warum wird der Mensch, das Ebenbild Gottes, von Siechtum und Elend geplagt? Wozu Bitternis, Trostlosigkeit und Verdüsterung? Warum müssen wir, um Unsterblichkeit zu erlangen, durch den Tod hindurchgehen und erfahren, wie uns am Ende alles entrissen wird, unser Leben, unsere Freunde und auch alles, was wir mit soviel Anstrengung aufgebaut und erarbeitet haben? Kann sich ein solches Leben noch entfalten, darf es auf eine Vollendung hoffen?

Der Herr Christus möge uns gewähren, daß wir auf all diese quälenden Fragen seine Antwort finden, daß wir uns aus unserer Dunkelheit zu seinem Licht durchringen, daß wir aus unserer Verzweiflung hinübergehen in seine Freude. Er sagte von sich: »Ich bin der Erste und der Letzte, der Lebendige. Ich war tot, aber nun lebe ich in alle Ewigkeit. Ich besitze die Schlüssel des Todes und der Unterwelt.«

Mit dem Wort »Freude« haben wir jene innere Einstellung ausgesprochen, in der ein Christ alle Fragen seines Lebens, also auch — und vor allem — die seines Leides, betrachten soll. In der christlichen Existenz ist die Freude der letzte Maßstab. Wenn uns etwas bedrückt, und zwar nicht nur vordergründig, sondern in der Tiefe unseres Daseins, dann ist es nicht christlich, widerspricht es dem Geist des Herrn. Unsere Betrachtungen über die Dunkelheit menschlichen Lebens — über Krankheit, Leid und Tod — sollen uns zur Freude führen, sonst sind sie nicht christlich. Freude ereignet sich aber in der christlichen Existenz, indem sich das menschliche Dasein ganzheitlich dem öffnet, der zu uns kam, »damit seine Freude in uns sei und unsere Freude vollkommen werde«. Christus allein vermag Licht zu bringen in unsere Finsternis. Wir dürfen also die christliche Freude nicht dadurch suchen, daß wir die Augen vor der Menschennot schließen, daß wir unseren Blick von der menschlichen Dunkelheit abwenden, sondern nur dadurch, daß wir den Widersinn des Leides abgrundtief erfahren und diesen Abgrund dem Licht des Erlösers öffnen.

Wichtig ist aber, daß wir bei unseren Meditationen unbeirrbar eines vor Augen halten: Nach der Auferstehung Christi ist das Schicksal der Welt bereits entschieden; wir gehen dem Himmel entgegen; in allen Vorläufigkeiten unserer Welt ist schon das Endgültige am Werk; kein Suchen stößt in die Leere; nichts kann uns trennen von der Liebe Christi. Johannes sagt eindringlich: »Gott ist größer als unser Herz.« Paulus gibt auf alle Hoffnungen, selbst auf die vermessensten Träume der Menschheit, eine alles überbietende, das heißt christliche Antwort: »Wenn aber einmal alles Christus unterworfen ist, dann wird auch der Sohn sich Gott unterstellen, damit Gott alles in allem sei.« In einer Welt, die einer solchen Herrlichkeit (Gott wird alles in allem sein!) entgegengeht, gibt es keinen Grund für Kleinmut oder Verzweiflung. Freudige, erneuerte, frische und sorglose Seelen will Gott sehen. Der Christ soll Zeuge der Freude sein in unserer leidvollen und freudlosen Welt.

Die letzten Fragen des Lebens — dazu gehören sicherlich Krankheit, Leid und Tod — müssen von den Grundeinsichten unseres Glaubens her beantwortet werden, sonst werden sie nicht nur ungenügend tief, sondern einfach falsch beantwortet. Die höchsten Wahrheiten sind zugleich die freudigsten und wohltuendsten. Wir wollen also hier dem leidenden Menschen keine »Predigten« halten, sondern ihm einfach die weiten Horizonte des Glaubens eröffnen, damit er mit staunenden Augen stehenbleibt und sein Leid — sei es nur für einen Augenblick — vergißt. Wir sind uns auch bewußt, daß für einen, der tief leidet, kein nur-menschlicher Trost tröstlich genug ist. Deshalb möchten wir ihn einfach und freundschaftlich an der Hand nehmen und ihn aus seiner Enge hinausführen in die weite Landschaft des Geheimnisses. Wir werden in möglichst schlichter Sprache über einfache und wohlvertraute Dinge sprechen: über die Schöpfung, über das Paradies, über den Himmel, über die Selbstlosigkeit der Liebenden, über das Glück der Stillen, über die Menschenfreundlichkeit Christi, über die ewige Herrlichkeit und vor allem, immer wieder, über das Geheimnis der christlichen Freude. Diese Wirklichkeiten haben eines gemeinsam: Sie werden immer größer, geheimnishafter und unfaßbarer, je länger man sie betrachtet. Der Verfasser wollte dabei seinen leidenden Freunden nicht seine eigene Weisheit aufdrängen. Er hat das Geheimnis der Armut Petri wiederholt erfahren dürfen. Beim Eingang des Tempels flehte ein Bettler Petrus um ein Almosen an. »Silber und Gold habe ich nicht«, antwortete ihm Petrus, »aber was ich habe, gebe ich dir. Im Namen Jesu Christi von Nazareth steh auf und geh.« Welches Glück war es für diesen Gelähmten, daß Petrus nichts besaß.

Betrachtungen über die Schöpfung

Im Grunde ist das Leid nichts anderes als Einsamkeit, Einge-schlossenheit und Alleinsein. Deshalb muß man versuchen, wenn man einem leidenden Menschen gegenübersteht und ihm christlich helfen will, ihn aus sich selbst herauszuführen. Die Offenbarung tut dies, indem sie uns sagt: Gott hat dich erschaffen. In dieser oft gehörten Aussage sind drei Geheim-nisse enthalten, die wir jetzt nacheinander ein wenig entfal-ten möchten: Schöpfung, Paradies und Himmel.

DIE SCHÖPFUNG

Wir können die Schöpfungstat Gottes in verschiedenen Tie-fenschichten betrachten. Die erste enthält eine existentielle Aufklärung über unseren eigenen Zustand in der Welt.

Hinnahme der eigenen Existenz

Gott spricht durch die Offenbarung: »Gott hat dich erschaffen« in deine konkret erlebte Existenz hinein. Du stehst unter mei-ner Macht; ich habe dich dir selbst geschenkt, so wie du bist, mit all den Verheißungen und Bedrohungen deines Lebens, mit deinem Stolz und mit deiner Lächerlichkeit, mit dem, was du vollbringen kannst und wozu du unfähig geworden bist, mit deinen Engen, mit deiner Müdigkeit, mit deinem Versagen. Aber auch mit dem, wovon du unaufhörlich träumst: Gesundheit, Ganzheit, Bereicherung, Ehre, Anerken-nung, erfülltes Leben, menschliche Nähe, Freundschaft, Liebe und Umarmung; mit den Möglichkeiten, die du in dir spürst, mit den Grenzen, die dich beengen. All das ist meine Gnade für dich, dein von meiner ewigen Liebe her geschenktes Geschaffensein. Ich habe dir meinen Willen durch dich selbst kundgetan, durch deine existentielle Verfassung, durch dein augenblickliches Befinden, durch deine wechselnden Bewußtseinszustände: durch Freud und Leid, durch Erfolg und Mißerfolg, durch Gesundheit und Krankheit, durch die kleinen Freuden deines Alltags und durch deinen toten, alles entfärbenden Überdruß. Kein Ereignis in deinem Leben ist gleichgültig oder neutral. Deine Existenz, so wie sie ist, ist anbetungswürdig, weil sie meine Gnade, die Verdichtung meiner Freundschaft zu dir ist. Lasse dich auf dein eigenes Leben ein; schenke dich mir, indem du dein Leben annimmst.

Sagt hier ein leidender Mensch gleich »ja«, so hat er wahrscheinlich nicht begriffen, worum es geht, und wir haben ihn sicherlich nicht getröstet, sondern betäubt. Bei der »Hinnahme der eigenen Existenz« aus der Hand Gottes geht es nämlich um »die« Entscheidung schlechthin. Wenn ich mein eigenes Leben zu einfach akzeptiere, wenn ich bei dem Gedanken, daß meine erfahrene Sinnlosigkeit eine Gnade Gottes (also das Sinnhafte überhaupt) sein soll, nicht die Auflehnung aus dem Innersten meines Wesens emporsteigen fühle, dann habe ich die Unfaßlichkeit Gottes nicht erfahren und stehe im Grunde vor gar keinem Gott (da ein »Faßliches« und »Leicht-Anzeigendes« schließlich kein Gott sein kann). Wir brauchen uns nur vorzustellen: Wir lieben einen Menschen reif und ehrlich. Könnten wir ihm wünschen, daß er unser Leben und unser Schicksal leben sollte mit aller Beengung und Kümmerlichkeit unserer Existenz? Nein, wenn ich jemand aus ganzem Herzen liebe, kann ich ihm nicht so Böses antun, daß ich selbst den Gedanken fasse, er wäre ich selbst. Und trotzdem verlangt Gott von uns, daß wir uns selbst als seine Gnade annehmen. Um unser verworrenes Dasein als seine Gnade erfahren zu können, müssen wir uns ein Leben lang auf Gott hin sammeln, müssen versuchen, täglich, ja stündlich in seinen unerforschlichen Willen, der uns in die Existenz gesetzt hat, hineinzugehen. Vielleicht noch schwieriger wird die Hinnahme unserer Geschöpflichkeit, wenn wir bedenken, daß wir nicht unmittelbar aus Gott heraus existieren, nicht wie die Engel aus seinem Geist unvermittelt »herausragen«, sondern daß wir mit Gott durch die »Abkünftigkeit« unseres Wesens verbunden sind, das heißt, daß Gott sich selbst durch die Welt uns schenkt. Dies ist die zweite Schicht, die zweite Dimension unseres Erschaffenseins.

Der Mensch an der Spitze des Universums

Der Mensch nimmt eine schwindelerregende Stellung im Weltall ein. Er ist die Spitze des Universums, das Produkt eines jahrmilliardenlangen Werdens. Er reicht hinunter in Abgründe. Zunächst erfährt er, daß er in eine Familiengemeinschaft eingesenkt ist, die ihn nicht nur leiblich, sondern auch seelisch formte. Diese Familiengemeinschaft ist ihrerseits hineingebunden in eine geschichtlich gewordene Kultureinheit, in eine Gemeinsamkeit des Denkens, des Vorziehens, des Bewertens und des Ablehnens. Diese Kulturgemeinschaft ist ihrerseits wieder hineingestellt in die ganze geschichtliche Entwicklung der Menschheit. So trägt der einzelne — meist freilich nur unbewußt — Erfahrung in sich, die die Menschheit vor Zehntausenden von Jahren gemacht hat. Die Geschichte der Menschheit — oder besser: die des »hominiden« Werdens — ist auf mindestens eine Jahrmillion zu beziffern. Sie steht in einer entwicklungsgeschichtlichen Verbundenheit mit dem vormenschlichen Leben. Dieses Leben reicht auf mindestens zwei Milliarden Jahre zurück. Es wurde seinerseits durch die Entstehung der Planeten möglich gemacht, Planeten, deren Herausformung die ganze Entwicklung und Entfaltung des

Weltalls aus dem Urstoff voraussetzt, einen Entstehungsprozeß, der mindestens zehn Jahrmilliarden in Anspruch nahm.

So steht der Mensch mit all seiner Beengung, mit seinem Elend und mit seiner Not, aber auch mit all seinen Verheißungen und Hoffnungen an der Spitze des Universums, an der Spitze einer Entwicklung, die in einer für uns heute noch nicht ganz durchschaubaren Weise in die Abgründe der Zeit hinunterreicht. Das ganze Weltall entfaltet sich auf das Leben hin; das Leben evolviert in die Richtung des Bewußtseins; das Bewußtsein formt sich im Menschen in Geist um; der Geist ist im Grunde die Fähigkeit des Seins für die Vereinigung mit dem Absoluten. Die Entwicklung drängt das gesamte Sein nicht nur »vorwärts«, sondern auch immer mehr »hinauf«, zu Gott. Findet der Mensch in seinem individuellen Schicksal zu Gott zurück, so erlangt nicht nur er allein seine eigene Vollendung, sondern er führt das ganze Weltall in das Leben Gottes hinein. Niemand lebt, leidet und stirbt für sich allein. Das Leben des Menschen — und somit auch sein Leid und sein Tod — haben kosmische Bedeutung. So verstehen wir, warum das Leben des Menschen ein ständiges »Träumen-nach-vorwärts« ist. Wir tragen den mächtigen Evolutionsdrang des Universums in unserem Innern, einen Drang, der sich in uns vornehmlich als Träumen, Begehren, Rastlosigkeit, Hoffen und Unruhe zeigt.

Mit allen Fasern seiner Existenz erfährt sich der Mensch als »Aufgebrochener«. Der Mensch findet keine Ruhe in dem, was er schon erworben hat. Aus den Urgründen der Vergangenheit herkommend, projiziert er sich stets in eine neue Zukunft hinein. Das menschliche Dasein ist ein »Sich-vorweg-Sein«. Das Eigentliche kommt immer nur auf uns zu. Das Wesen unseres Menschseins liegt noch an der Front. Kein Mensch kann verhindern, daß sein Dasein sich auf das Andere hin öffnet. Niemand kann dem geheimen Wunsch entkommen, aus dem Verwirklichten, aus der Enge seiner Situation herauszubrechen. Der Mensch ist erfüllt von der Maßlosigkeit des Anspruchs. Wir haben uns selbst noch »vor uns«. In all seinen Existenzregungen bemerkt der Mensch, daß ihn eine Sehnsucht treibt, daß aus seinem Dasein Niedagewesenes hervorbrechen will, daß in ihm noch eine Jugend steckt, die auf Erfüllung wartet.

Übrigens versichern uns auch die Naturwissenschaftler: Der Prozeß der Menschwerdung ist noch nicht abgeschlossen. Der Mensch ist erst am Anfang seiner Selbstentfaltung. Die wahrscheinliche Lebenszeit einer zoologischen Gattung mittlerer Größe beträgt durchschnittlich fünfzig Jahrmillionen. Selbst wenn man die gewaltige Evolutionsbeschleunigung miteinberechnet, die sich überall in der Menschheit bemerkbar macht, haben wir noch einige Millionen Jahre möglicher Zukunft vor uns. Der Mensch darf sich also nicht als »verwirklicht« und »abgeschlossen« betrachten, darf das Träumen nicht aufgeben, sonst erstarrt das Leben nicht nur in ihm, sondern im ganzen Universum. In uns und durch uns erschafft sich die Welt in ihrer vollendeten Gestalt. Die Welt ist ein riesiger Entwicklungsprozeß, der in Jahrmilliarden stufenhaft und sich vorwärtstastend seiner Erfüllung zureift. Ein Prozeß, in dem der Mensch die Linie der Totalanstrengung des Lebens durch seine bewußte Entscheidung weiterführen soll.

Das ganze Universum, der Mensch mitinbegriffen, ist eine Einheit des Werdens. Gott erschafft die Welt, indem er ihr die Kräfte verleiht, in einer langsam aufsteigenden Entwicklung sich als Mensch zu entfalten und durch den Menschen, durch seine bewußte Entscheidung für Gott, in die ewige Herrlichkeit einzugehen. Das Weltall als Entwicklungseinheit strebt also immer mehr zusammen, spitzt sich immer mehr zu, und zwar auf einen absoluten Höhepunkt, auf den Himmel hin. Diese Verengung der Gesamtevolution im Menschen erzeugt einen gewaltigen Druck von Ideen, Wünschen, Träumen und Hoffnungen in der Menschheit. Es gärt und brodelt ständig in unserem Innern. Im Sinnmittelpunkt all dieser Hoffnungen und Träume steht ein Vollendetes: das in die ewige Herrlichkeit eingegangene Weltall, der Himmel. Wenn wir diese Ansätze gedanklich zu vertiefen suchen, erscheint eine dritte Dimension der Schöpfungswirklichkeit.

Mit dem ewigen Vorgang der Dreifaltigkeit verbunden

In diesem unserem Drang nach vorn erspüren wir Gott selbst, seine schöpferische Wirksamkeit in uns. Indem der Mensch seine Stellung im All betrachtet, erahnt er, daß sein Leben unermeßlichen Wert hat. Was ist dieses Unermeßlich-Wertvolle in uns? Die Offenbarung sagt: Wir tragen das Leben Gottes in unserem Innern. Wenn wir sagen — wie es gemeinhin geschieht —, Gott erschaffe uns aus dem Nichts, so ist das nur ein negatives Element in der Begriffsbestimmung der Schöpfertätigkeit Gottes. Das Eigentliche und Positive der Schöpfung heißt: Gott schafft uns aus nichts anderem als aus sich selbst; nach keinem anderen Vorbild, nach keinem anderen Gesetz, unter keinem anderen Einfluß. Alles Erschaffene lebt als Gedanke und Bild Gottes, ist die innerste Meinung seines Herzens. Wenn wir das tiefste Geheimnis unseres Geschaffenseins ergründen wollen, müssen wir es tun, indem wir das Geheimnis aller Geheimnisse, den ewigen Vorgang der Gottheit bedenken. Gott ist dreifaltig, sagt uns die Offenbarung: Er ist ein »Vorgang«. Jener Vorgang, wodurch in Gott drei sind, die »ich« sprechen und auch drei, die »du« sagen, obwohl es nur ein einziges Wesen ist, das dieses ausspricht. Ein Vorgang, worin Gott sich selbst personal gegenübersteht und diesen Gegenüberstehenden so liebt, daß diese seine Liebe selbst Jemand ist, der Heilige Geist. Gott ist ewig am Entspringen: ewig am Zeugen und Sich-Schenken als Vater; ewig am Hervorgehen, liebend Antworten als Sohn; ewig kreisende, junge Liebe von Schenken und Empfangen als Geist.

Wir sind durch unser Geschaffensein mit diesem ewigen Vorgang der Dreifaltigkeit verbunden. Alles Geschaffene steht in einer geheimnisvollen Verbindung mit der zweiten göttlichen Person, mit dem Logos, mit dem Sohn. Der Logos ist der vollkommene Selbstausdruck, das Bild des Vaters, ein Bild, das dem Vater gegenübersteht und doch er selbst ist; ein Bild, in dem Gott sich selbst vollkommen erkennt. In diesem vollkommenen Bild Gottes, das ja seine person-»gewordene« Selbsterkenntnis ist, gründet die Möglichkeit einer Schöpfung überhaupt, eines endlichen Abbildes des Wesens Gottes. Alles Erschaffene ist, indem und insofern es die Züge der zweiten göttlichen Person trägt. Es ist aber nicht so, daß Gott die Welt nur am Anfang schaffen würde. Die ganze Welt ist dauernd im schöpferischen Tun Gottes begründet. Unsere Theologie unterscheidet zwar zwischen »Erschaffung«, »Erhaltung im Sein« und »Mitwirkung«. Diese drei »Tätigkeiten« Gottes, wodurch er ein Endliches in das Sein setzt, es unaufhörlich dem drohenden Nichts entreißt und ihm die Fähigkeit zur Ursächlichkeit verleiht, sind jedoch, von Gott her betrachtet, nicht drei verschiedene Taten, sondern nur drei Aspekte des einen schöpferischen Tuns. Dies bedeutet aber, daß die Schöpfungstat nicht nur Vergangenheit, sondern auch heilige Gegenwart ist. Von Augenblick zu Augenblick geht die Welt mit schöpferischer Neuheit aus Gottes ewigen Händen hervor. Von diesem Augenblick, in dem wir gerade leben, gilt: »Am Anfang schuf Gott Himmel und Erde.« Somit steht jegliches Geschöpf, Materie oder Geist, in einer seinshaften Unmittelbarkeit zu Gott.

Was den Geist unter allen Geschöpfen besonders auszeichnet, ist dies: Das Geistige soll seine Unmittelbarkeit zu Gott frei und bewußt nachvollziehen; nicht nur Gott soll ihm nahe sein, sondern es selbst soll zu einer Unmittelbarkeit zu Gott finden. Diese Fähigkeit der bewußt vollzogenen Gottunmittelbarkeit in uns nennen wir geistige Seele. Durch sie vermag der Mensch hineinzugehen in die Tiefe der Gottheit, zur Wurzel des Weltalls. Dies ist die großartige Würde des Menschseins: die aus Gott durch die zweite göttliche Person »herausströmende« Welt durch die Erkenntnis und durch die Liebe der zweiten göttlichen Person zurückströmen zu lassen in die Gottheit. Das heißt: die Welt in sich selbst sammeln und sie hineintragen in ihre letzte Vollendung.

Diese Perspektiven unseres Geschaffenseins sprengen wirklich alle Alltagsvorstellungen. Sie lassen das menschliche Sein in heiliger Schönheit erstrahlen. Zugleich richten sich diese Wahrheiten bedrohlich vor uns auf. Wie ist es denn möglich, daß ich mein Wesen nicht als Krönung des Alls und nicht als Gedanke Gottes lebe? Mein ganzes Dasein sollte anders sein. Ich müßte eigentlich Gott mit ungebrochenem und klarem Herzen lieben können, in der Welt dastehen als mächtiger Geist und in tiefstem Einklang mit dem, der mich erschuf! »Ja«, sagt uns die Offenbarung, »so sollte der Mensch sein.« Er ist aber nicht so. Warum?

Wenn wir auf dieses Warum eine Antwort finden, haben wir den tiefsten Grund des Menschenleides erfaßt. Zuerst wollen wir aber zwei überraschende Aussagen der Offenbarung bedenken: Es gab eine Zeit, in der das menschliche Wesen seine Gottunmittelbarkeit voll verwirklichte; und es wird eine Zeit geben, in der sich die menschliche Gottunmittelbarkeit zu einem Seinszustand entfalten wird. Gott selbst gibt uns hier eine bestürzende Auskunft: Dieser Zustand, in dem du als leidender Mensch lebst, ist eine Zwischenzeit des Unglücks in einer für das Glück erschaffenen Welt. Es war nicht immer so, und es wird nicht immer so bleiben. Ursprünglich lebte die Menschheit im Zustand der Ungebrochenheit, des Wissens um das Wesentliche, der Leidensunfähigkeit und der Unsterblichkeit: im Paradies. Sie wird dereinst ungebrochen, wissend, leidensunfähig und unsterblich leben: im Himmel. Diese zwei Aussagen der Offenbarung möchten wir jetzt mit unserem lebendigen Wesen, also nicht nur mit dem Verstand, sondern mit unserem ganzen Herzen erfassen.

DAS PARADIES

Eine »andere« Welt

Die Bibel beschreibt den Urzustand der Menschheit mit dem Bild eines friedlichen und umfriedeten Gartens. Dieser Garten ist voll von blühenden und fruchttragenden Bäumen, die erfrischenden Schatten geben; kühle Gewässer durchströmen ihn. Der Mensch lebt im tiefsten Einvernehmen mit der Natur, nennt die Tiere beim Namen, »sieht« sogar Gott selbst bei der Tageskühle im Garten »einherwandeln«. Eine Welt steht vor uns, erfüllt von Frieden und Schönheit. Der Garten ist ein Bild und meint eigentlich die ganze Welt. Es heißt also: Am Anfang lebte der Mensch in einer anderen Welt. Worin war diese Welt »anders«? Sie war sicherlich eine sehr harte und bedrohliche Welt, da der Urmensch sie noch nicht zu meistern vermochte. Trotzdem lebte dieser Mensch in einem anderen Daseinsraum, in einer anderen Welt. Hier müssen wir zunächst die Frage stellen: Was ist eigentlich »Welt«?
»Welt« entsteht aus zwei Komponenten: aus der »Weltlichkeit« der Welt und aus dem Bewußtsein; das heißt aus den Dingen, Menschen und Ereignissen, die uns umgeben, und aus unserer inneren Einstellung, aus unserem Bewußtseinszustand. Die »Welt« ist also keine bereits vorhandene Größe. Sie »ereignet sich« aus den objektiven Gegebenheiten und aus unserer subjektiven Einstellung zu ihnen. Heute noch erfahren wir ähnliches in der Liebe und in der Freundschaft. Ein Mensch, der liebt, erlebt die Welt anders: in bezug auf das geliebte Du. Er entdeckt in der Welt andere Tiefen und neue Bedeutungen. Analoges ereignete sich im Zustand, den wir »Paradies« nen-

nen, nur mächtiger, die ganze Erlebnisstruktur des Menschen ergreifend und so seine Welt von innen her umwandelnd. Wir finden das zentrale Element des Paradieses in einer kleinen, als nebensächlich anmutenden Bemerkung des biblischen Berichts: »Sie hörten das Geräusch der Tritte von Jahwe-Gott, der bei der Tageskühle im Garten einherwandelte.« Dies besagt: Zwischen dem Schöpfer und seinem Geschöpf herrschte noch eine erlebte »Unmittelbarkeit«; Gott war für diesen Menschen der »gelebte Raum des Lebens«; überall fühlte er sich Gott nahe. Romano Guardini sagt: »Stellen wir uns nun vor, der Mensch, um den es sich handelt, sei, wie er aus der Hand Gottes geworden ist: lebensvoll, frei, freudig und heil. In seinem Herzen wirkt keine Lüge, keine Gier, nicht Auflehnung, noch Gewalttätigkeit. Alles in ihm ist offen zu Gott hin, in reinem Einklang mit Dem, der die Welt erschaffen hat. Er ist durchwaltet von Seinem Licht, sicher Seiner Liebe, gehorsam Seiner Weisung. Wenn es dieser Mensch ist, der den Dingen begegnet — welche Welt ersteht dann aus seinem Sehen, Fühlen, Handeln? Das ist Paradies! ›Paradies‹ ist die Welt, wie sie beständig um jenen Menschen her wird, atmet, sich entfaltet, der Ebenbild Gottes ist und immer vollkommener dieses Ebenbild verwirklichen will. Der Gott liebt, ihm gehorcht und die Welt beständig in die heilige Einheit hereinholt.« Dieser Mensch wußte um Gott, und zwar aus ständigem, innigem Umgang mit ihm. Gott stand mit der Gewalt seiner Wesenhaftigkeit in seinem Geist. Wir dürfen also sagen: Paradies war die gleiche Welt, in der auch wir leben, ja noch gefährlicher und bedrohlicher. Trotzdem war es eine andere Welt, weil sie vom Menschen anders, unmittelbar von Gott her, erlebt wurde. Oder wenn man will: Es war nicht eine andere, sondern eine anders erlebte Welt.

Die Theologie beschreibt den Zustand des Paradieses folgendermaßen: Im Paradies war der Mensch »ungebrochen« (donum integritatis), »wissend« (donum scientiae), »leidensunfähig« (donum impassibilitatis) und »unsterblich« (donum immortalitatis). Diese »außernatürlichen Gaben« stellen eine nahezu vollständige existentiale Systematik der menschlichen Eigentlichkeit dar. Sie lassen sich allesamt zurückführen auf jenes zentrale Moment, welches wir vorher angedeutet haben: die erlebte Gottunmittelbarkeit.

In der Erfahrung eingeholte Natur

Der Mensch im Paradies war innerlich ganz, das heißt nicht zerrissen, nicht gespalten zwischen Wunsch und Verwirklichung. Er vermochte seine Natur (seine Sehnsüchte, seine Träume, seine Erwartungen) personal, in der Erfahrung einzuholen. Freilich mußte er auch die Sehnsucht gekannt haben. Der Mensch ist wesenhaft ein werdendes Wesen (substantia potentialis). Was er ist, liegt ihm immer voraus. Er muß sich in sein eigentliches Wesen »hineinträumen«. Um zu sein, muß er in die Zukunft »hineinstürmen«. Sein Wesen ist Spannung: Ausgespanntsein auf ein noch Größeres hin. In ihm klafft immer ein Abgrund zwischen Sein und Sehnsucht, zwischen Verwirklichung und Traum. Auch im Zustand des Paradieses war dem Menschen sein Wesen ständig »voraus«. Er hat aber, indem er Gott unmittelbar erlebte, die Erfüllung all seiner Sehnsüchte in seiner nächsten Nähe gespürt. Er wußte aus inniger Erfahrung, daß alle Wünsche und Träume ihre Erfüllung haben, daß keine Menschenwege in der Weglosigkeit münden. Auf diese Weise war der Mensch »ungebrochen« im Paradies: von Sehnsüchten erfüllt, die Erfüllung der Sehnsüchte aber ganz nahe spürend.

Eine andere Schau der Welt

Das Paradies war vermutlich nicht ein Zustand des »quantitativ« entfalteten und artikulierten Wissens. Der erste Mensch hat wohl noch in einem Dämmerzustand des Bewußtseins gelebt. Das thematisierte, in Ausdrücke gefaßte und weltbemeisternde Wissen der Menschheit ist die Frucht einer sehr langen Tradition, gleichsam einer Sammlung von Einzelerfahrungen und -einsichten. Der Urmensch war höchstwahrscheinlich »quantitativ« dermaßen unwissend, daß er in unserer intellektuell gemeisterten Welt irrsinnig geworden wäre. Dennoch wußte er »qualitativ« mehr als wir. Das Wenige, das Sehr-Wenige, das er wußte, hat er vom letzten Grund, vom Quell allen Seins her erfaßt. Er erfuhr die Welt als Transparenz, als Durchscheinen Gottes. Er war in einer »gottdurchsichtigen« Welt. Seine erlebte Gottunmittelbarkeit bewirkte bei ihm eine andere Schau der Welt: Er sah durch die Dinge hindurch bis zu ihrem letzten Grund; er sah Gott in allen Dingen.

Nicht vom Leid überwältigt

Den Zustand der paradiesischen Leidlosigkeit dürfen wir wiederum nicht als eine verzauberte Welt denken, ohne Krankheit, ohne Schmerz, ohne Qualen des Leibes. Je feiner und höher eine Kreatur sich entwickelt, um so empfindlicher wird sie für den Schmerz. Dies gilt ganz besonders vom Menschen. Nach all dem, was wir vom Menschen wissen, ist er allen Tieren rein körperlich unterlegen. Er ist seiner Welt nicht angepaßt. Darin liegt ja seine unerhörte Chance in der Welt. Er paßt sich der Welt nicht an, sondern verändert die Welt, paßt sie sich selbst an. Um das tun zu können, muß er wissen, an welchen Stellen die Welt bedrohlich für ihn sein könnte. Er muß Signale haben, die ihn die Bedrohung erfahren lassen, wenn er in dieser Welt überleben will. Diese Signale sind die Schmerzempfindungen. Ein Mensch ohne Schmerzerfahrung hätte in der Welt gar nicht bestehen können; ohne Schmerz wäre er seiner Welt gar nicht gewachsen

gewesen. Wenn aber ein Mensch dauernd seine Gottunmittelbarkeit erlebt, wenn er ins Andere, in Gott ganzheitlich »hineingerissen« ist, dann kann der Schmerz bei ihm nicht »hoch-
steigen«, er kann von seinem Wesen nicht »Besitz ergreifen«,
das heißt, er kann nicht zum eigentlichen Leid werden. Ein
Abbild davon haben wir heute noch in der Liebe. Ein Liebender mag Schmerzen spüren, seelisch geplagt und leiblich bedroht sein; wenn und indem er liebt, das heißt mit seinem
ganzen Wesen hineingenommen ist in das geliebte Du, trägt
er das Glück in sich, das von keinem Leid berührt werden
kann. Die Leidlosigkeit im Paradies war wahrscheinlich nichts
anderes als ein Wissen darum, daß der Mensch in der Liebe
Gottes geborgen ist. Dieses unmittelbare Wissen kann zu-
sammengehen mit körperlichem Schmerz, irdischer Trauer
und zeitlichem Verlust.

Ähnliches erfuhren auch die Heiligen: Franz von Assisi mußte
mitten in schrecklichen Bedrängnissen zwei Hölzer auflesen
und auf ihnen wie mit Geige und Bogen spielen, mußte singen
und tanzen. Franz Xaver warf vor lauter Freude wie ein spie-
lendes Kind einen Apfel in die Luft und fing ihn wieder auf,
während er von allem Besitz entblößt, vom Mißerfolg be-
drängt und hungrig durch die winterlich eisigen Gefilde Japans
zog.

Hinübergang zu Gott ohne Angst

Unsterblich war der Mensch im Zustand der Urgerechtigkeit
nicht in dem Sinn, daß er sein biologisch-endliches Leben endlos hätte weiterleben können. Das biologische Leben erfordert
Selbstentfaltung. Indem es sich aber entfaltet, verfeinert es
sich derart, daß es am Ende lebensunfähig, zerbrechlich wird.
Mit der Befruchtung tritt das Dasein in eine zunächst steil
aufsteigende Phase ein, durchläuft dann die Abschnitte des
Wachsens und des Reifens. Darin erfährt das Dasein eine fort-

schreitende Differenzierung der in ihm angelegten Möglichkeiten. Dann folgen die Phasen des Welkens, des Verfalls und schließlich der schicksalsschwere Abschnitt des Sterbens. Am Anfang geschieht im Organismus eine explosionsartige Entfaltung der Lebenskräfte. Sie werden großzügig eingesetzt, ja unüberlegt vergeudet. Physiologisch lebt der Mensch am Anfang in einem sich selbst überstürzenden Drang. Die Lebensenergie vermindert sich aber langsam, und der Mensch beginnt an seinen Reserven zu zehren. Der Elan der Jugend verlangsamt sich; die vitalen Kräfte fließen immer spärlicher. Das Dasein wird von der Erschöpfung überwältigt. Die anfänglich sehr elastische Körperstruktur wird brüchig und starr; sie verliert ihre Anpassungsfähigkeit, und am Ende zerbricht sie wie ein dürres Stück Holz.

Indem das Leben sich entfaltet, bereitet es sich auf den Zusammenbruch vor, geht es dem Sterben entgegen. Aber dieses Sterben wäre im Zustand der erlebten Gottunmittelbarkeit keine »Auflösung im Leibe« gewesen (»mori in corpore« — »exire a corpore«: siehe Can. 1 des Konzils von Karthago). Der Mensch hätte sich — in Gottes Kraft — unmittelbar in den Zustand der Vollkommenheit, in den der Auferstehung, in den Himmel »hinübergezeugt«. Er hätte den Tod im eigentlichen Sinne nicht erfahren; das Sterben, die Qualen der Agonie schon, aber nicht den Tod, nicht die Auflösung des eigenen Wesens. Seine gelebte Unmittelbarkeit zu Gott hätte in ihm eine Unmittelbarkeit der Auferstehung, des Himmels erschaffen.

Versuchen wir, das Gemeinte von einem anderen Ansatz her zu formulieren: Die Begegnung mit Gott ist für uns gottferne Menschen immer leidvoll und bedeutet einen Umsturz des ganzen Daseins. In der Heiligen Schrift finden wir die folgende Struktur der Gottbegegnung. Der Mensch verlangt mit seinem ganzen Wesen nach Gott; wenn er aber Gott erschaut, muß er sein Antlitz verhüllen, fällt wie tot hin (siehe die

»Epiphanien« Gottes bei Moses, Elias, Isaias, Daniel, Ezechiel, die Vision der drei Apostel auf dem Berge der Verklärung und auch die Einführungsvision der Geheimen Offenbarung). Und ist Gott »tod«-fremd; im Sterben erschrecken wir vor ihm zu Tode. Ein Mensch aber, der ein Leben in der erlebten Freundschaft Gottes verbracht hätte, wäre ruhig, ohne Angst und Bestürzung zu seinem Freund hinübergegangen, wäre nicht zu Tode erschrocken, hätte den Tod, den eigentlichen, nicht erfahren, obwohl sein Sterben sich von unserem rein äußerlich nicht unterschieden hätte.

So war das menschliche Leben ursprünglich von Gott gedacht und erschaffen. Nicht in sich eingeschlossen, sondern ganzheitlich »hineingerissen« in das Heilige, in den erfahrenen Gott. Mochte dieser Mensch noch so derb, unvollkommen, rauh, unwissend, bedroht und sterblich gewesen sein, er war dennoch vollendet. Paradies war ein Zustand — ob er lange oder nur einen Augenblick gedauert hat, spielt dabei keine Rolle — des ruhig, wissend, unbedroht und lebendig gelebten Seins inmitten einer unruhigen, dumpfen, bedrohten und dem Sterben geweihten Welt. Dieses Leben existiert nicht mehr. Irgendwo wurde das Paradies zerstört. Wir wurden der inneren Spaltung, dem Unwissen, dem Leid und dem Tod ausgeliefert.

Wer hat diesen Zustand verursacht? Sicherlich nicht Gott. Er zerbricht keine Freundschaft. In irgendeiner Weise — wir vermögen nicht zu sagen, wo und wie und warum — hat ihm der Mensch ins Angesicht gesagt: Ich will nicht mehr mit dir leben! Dieses Nein zerstörte das Schönste, Eigentlichste und Lebendigste in diesem Menschen: seine unmittelbare Beziehung zu Gott. Er konnte Gott nicht mehr unmittelbar erleben. Damit wurden alle seine Sehnsüchte leer; damit hat er sich der existentiellen Unwissenheit ausgeliefert; damit stieg in ihm der Schmerz hoch, überflutete sein ganzes Wesen und wurde zum Leid; damit entstand aus dem Sterben der Tod.

Eines müssen wir aber staunend bedenken: Gott ließ es nicht dabei bewenden; er gab den Menschen nicht auf; Gott selbst — man müßte eigentlich sagen, wenn der Ausdruck nicht unangemessen wäre: in seiner »Verzweiflung« — hat das Leid auf sich genommen; er stieg hinunter in den Tod. Er vermochte das in uns einbrechende Leid nicht mehr aufzuhalten. Da ging er mit dem Menschen in das Leid hinein. Indem der Mensch sich von ihm entfernte, kam Gott ihm näher, schenkte ihm immer wieder seine Gegenwart, bis er den Menschen ganz einholte, indem er selber ganz zum Menschen wurde, indem er unser gebrechliches Wesen, unsere leibseelische Bedrohung, unser Leid und unseren Tod auf sich nahm. Da der Mensch nicht mehr mit Gott sein wollte, wurde Gott zum Menschen. Warum er das tat, wissen wir nicht. Die Liebe hat keine Gründe. Sie schenkt sich grundlos, und eben darin ist sie Liebe. Und Gott ist Liebe, sagt die Offenbarung. Er liebt nicht nur, sondern sein Wesen besteht aus Liebe. Er liebt und tut nichts anderes als lieben. Lieben und Sein sind bei ihm eins. Er würde nicht mehr sein — eine unsinnige Annahme —, wenn er nicht mehr lieben würde. Indem Gott in Christus Mensch wurde, hat er einen zweiten Akt der Schöpfung vollbracht. Er machte uns wieder den Himmel möglich. Die Schöpfung ist also noch nicht vollendet. Sie ist immer noch im Gang. Sie nimmt erst ihr Ende, wenn der Mensch sich neu der bewußt erlebten Gottunmittelbarkeit preisgibt, wenn er den Himmel betritt.

Um unser leidvolles Leben verstehen zu können, müssen wir wissen — ja, nicht nur wissen, sondern innerlich erleben und für unsere Freunde glaubhaft darleben —, daß das menschliche Leben auf den Himmel hin entworfen wurde. Die Welt entsteht eigentlich erst, wenn der Mensch den Himmel betritt. Die Welt ist auf den Himmel hin angelegt. Das Ende ist der Anfang. Unser Leben ist ein Werden auf den Himmel hin. Himmel ist die für immer »erschaffene« Welt.

Damit kommen wir zum dritten Punkt unserer Betrachtung. Gott sagt uns in seiner Offenbarung: Der Zustand der Krankheit, des Leidens und des Todes wird nicht ewig dauern; er ist eine Verfassung des Überganges und der Vorläufigkeit.

DER HIMMEL

Was ist eigentlich »Himmel«? Wir wissen es nicht genau. Die sprachliche Abkürzungsformel radikaler Vollendung heißt in der Bibel: »Der neue Himmel und die neue Erde«. Damit bezeichnet die hebräische Sprache das »All«, wofür sie kein eigenes Wort besitzt. Johannes beschreibt diese neue Welt in seiner »Geheimen Offenbarung«. Er spricht von Meeren aus Glas, von Straßen aus kristallenem Gold, von Toren aus einer einzigen Perle gebildet, von Mauern, aufgebaut aus leuchtenden Edelsteinen. In dieser Beschreibung herrscht das Gewaltige, das Menschlich-nicht-Erreichbare. Auch Paulus betont diese Andersartigkeit des Himmels: »Was kein Auge gesehen und kein Ohr gehört, was in keines Menschen Herz gedrungen ist, hat Gott denen bereitet, die ihn lieben.«
Dennoch ist der Himmel uns bereits nahe. Mit Christi Auferstehung und Himmelfahrt ist der Himmel bereits angebrochen. Die Kräfte der künftigen Welt haben uns schon ergriffen. Das Christentum betrachtet die Auferstehung Christi nicht nur als das private Schicksal des Herrn, sondern zugleich als das erste Zeichen dafür, daß in unserer Welt schon alles anders geworden ist in der wahren und entscheidenden Tiefe der Wirklichkeit. Das Osterereignis ist keine alleinstehende und für sich abgegrenzte Erscheinung der Heilsgeschichte, sondern das heilige Schicksal der ganzen Welt. In seiner Auferstehung hat Christus über das ganze Universum sein wirklichkeitschaffendes Wort ausgesprochen: Es hat begonnen; siehe, ich mache alles neu.

»Ferne«, aber doch bereits »nahe«

Der Himmel ist uns noch »ferne«. Zugleich ist er uns aber »nahe«, radikal verwandt. In dieser Spannung lebt der Christ. Er ist schon irgendwie im Himmel, in einem Himmel aber, der noch aussteht. Ähnlich erlebten die Emmausjünger die Wirklichkeit des auferstandenen Herrn. Christus stieß zu den beiden Jüngern, die ihre im Abendmahlsaal versammelten Brüder verlassen hatten. Er ging lange neben ihnen her, sprach mit ihnen. Sie erkannten ihn aber nicht. Nach seiner Auferstehung ist der Herr immer so erschienen: stets unscheinbar, als Hungriger, als Gärtner, als Wanderer, als Mann am Ufer. Auch der Himmel ist uns auf diese Weise nahe. Er erscheint unter unscheinbaren Gestalten, in Spiegelungen, im Gegenschein.

Intensiv gelebtes Leben

Die letzte Vollendung, der Himmel, ist die endgültige, nicht mehr zerstörbare Nähe Gottes, die Teilhabe an Gott. Seine unendliche Fülle kann aber von keiner Kreatur ganz aufgenommen, ausgeschöpft werden. Unser Wesen kann nie mit Gottes Sein ganzheitlich zusammenfallen. Jede Erfüllung ist zugleich ein neuer Anfang, Beginn einer noch größeren Erfüllung. Himmel ist wesenhaft als grenzenlose Dynamik zu verstehen. Die Erfüllung selbst wird unsere Seele so »erweitern«, daß sie im nächsten Moment von Gott Sein noch mehr erfüllt werden kann. Wir sind ewige Gottsucher. Gott bleibt immer größer als unser endliches Sein. Der endgültig »gefundene« Gott ist kein Gott. Wir suchen Gott, um ihn zu finden, während unseres irdischen Lebens. Wir suchen Gott, nachdem wir ihn fanden, in der ewigen Seligkeit. Damit man ihn suche, um ihn zu finden, ist er verborgen. Damit man ihn suche, nachdem man ihn fand, ist er unermeßlich. Unsere

Ewigkeit wird ein immerwährendes Hineinschreiten in Gott sein. Alles Statische geht im Himmel in eine grenzenlose, sich in die Unendlichkeiten fortzeugende Dynamik über. Vollendung ist ewige Wandlung, Zustand endloser, ungebrochener Lebendigkeit.

Umwandlung unserer Weltlichkeit in »Himmel«

In dieser Sicht müssen Krankheit, Leid und Tod betrachtet werden. Das sind die echten Perspektiven menschlichen Lebens. Wir sind dem Leid nicht für immer ausgeliefert. Unsere innere Zerrüttung, ja Zermürbung dauert nicht ewig. Wir gehen dem Himmel entgegen. Was uns hier an Leid und Not zustößt, ist vorläufig und deshalb auch in einem tiefen und letzten Grund unwichtig, sekundär. Indem der Mensch bewußt, in christlicher Entschlossenheit sich dem Himmel öffnet, arbeitet er an der Erschaffung der Welt. Hier wäre noch ein letzter Aspekt der »Himmelwerdung« zu erwähnen: Der Himmel wird für die anderen, für jene, die wir lieben, in uns und durch uns entstehen. Unser einsames Ringen um Gott hier auf Erden hat eine ewige Bedeutung. Wir erschaffen die endgültige Welt, wir werden zum Himmel für alle jene, die wir lieben. Jene Dimension des Himmels, die Gott in uns und durch uns schafft, würde nie entstehen, wenn wir uns jetzt Gottes Macht nicht öffneten. Unser individuelles Schicksal des Gottsuchens in einer dem Leid geweihten Welt ist eine Arbeit für jene, die wir lieben, ja für die ganze Menschheit, ja darüber hinaus für das Universum. Es ist gleichsam ein Vorstoß zu den äußersten Gemarkungen der Welt, wo die Umwandlung unserer Weltlichkeit in Himmel geschieht. In der Suche nach Gott bin ich für meinen Teil die am weitesten vorangetriebene Spitze der kosmischen Entwicklung. Mit dieser Gottsuche mache ich das größte Geschenk an die, die ich liebe. Ich wandle mich in Himmel um für jene, die ich liebe. Die Gottsuche ist die zärtlichste Tat meiner Liebe zu einem menschlichen Du. Seinen Himmel, seine ewige Vollendung mache ich reicher, leuchtender, mächtiger.

Am Ende allen Suchens, Umherirrens und Leidens steht die Verheißung ewigen Glücks. Es wird ein Zustand sein, von dem die »Geheime Offenbarung« des Johannes spricht: Das Wirkliche, das Einzig-Wirkliche, das heißt Gott, wird nicht mehr unzugänglich und verborgen sein. Dann fängt das eigentliche Leben an. In Gottes ewig-eine Tat, die Anfang und Vollendung in einem ist, wurde eine Zeitspanne für die Selbstentwicklung der Schöpfung gleichsam »eingekeilt«, in der die Welt in Gottes Kraft durch ein jahrmilliardenlanges Werden sich zum Bewußtsein und zur Freiheit durchringt, um schließlich durch die bewußte und freie Entscheidung des Menschen für Gott sich in ein völlig gottdurchsichtiges Universum umzuwandeln, in einen göttlichen Bereich, in Himmel. Dies ist, in einem Satz zusammengefaßt, die »Geschichte« der Schöpfung. Gott erschafft die Welt durch uns und in uns.

Betrachtungen über die Leiblichkeit

Bei der Betrachtung über die Schöpfung hat sich herausgestellt, wie tief der Mensch mit dem Weltall verbunden ist. Die Stelle unserer radikalsten Verbundenheit mit dem Universum ist der Leib. Im menschlichen Leib geht die Welt ins Geistige hinüber. Unser Körper ist der auserwählte Ort der Umwandlung, des kosmischen Sprungs ins qualitativ Andere. Dies ist unsere Auserwählung, aber auch zugleich unsere Bedrohung. Hier liegen Menschenwürde und Menschenleid begründet. Wer das menschliche Leid in seinen Wesensstrukturen verstehen will, muß zuerst über den menschlichen Leib nachsinnen.

DER MENSCH ALS »LEIB-SEELE-EINHEIT«

Wir möchten zuerst als Grundlage unserer Betrachtung die tiefe, aber oft mißverstandene Lehre des heiligen Thomas von Aquin über die Beziehung der geistigen Seele zum Leib entwerfen.

Die Seele als »Form« des Leibes

Nach Thomas besteht der Mensch aus einem einzigen Wesen, in dem Materie und Geist die substantiell geeinten Prinzipien einer einzigen Ganzheit sind. Der Mensch ist in dieser Sicht nicht etwa aus zwei »Dingen« zusammengesetzt. Der ganze Leib und seine ganze Tätigkeit sind zugleich Werk und Tätigkeit der Seele. Die geistige Seele des Menschen ist Form des Leibes bis in die letzten Fasern und Regungen hinein. Anderseits geht der Leib derart ins Geistige ein, daß er zur inneren Vollkommenheit der Seele gehört. So sehr sind Leib und Seele in uns eins, daß in diesem Eins ihre Zweiheit geradezu untergeht. Aus den Zweien entsteht ein Drittes, das keines von beiden ist. Die einzige Substanz »Mensch« ist keine Verbindung zweier Substanzen, sondern eine einzige komplexe Substanz, die allerdings nur einem ihrer konstitutiven Prinzipien, nämlich der Seele, ihre Substantialität verdankt.

»Ausfaltung« der Seele

Der Leib ist also »Ausfaltung« der Seele. Seinem ganzen Umfang nach ist unser Leib ein Selbstausdruck der Geistseele, weil eben die Seele unmittelbar im Leib als im sie Ausfaltenden ist. Diese Auffassung wird bei Thomas von Aquin durch die Lehre der »Substanzeinheit« begründet. Die Leiblichkeit ist nicht durch eine oberflächlich-akzidentelle Beziehung an die Seele »geknüpft«; sie ist vielmehr in die Wirklichkeit gesetzt durch einen Wesensakt der Seele, durch einen Akt also, der vom Wesen der Seele nicht verschieden ist. Die Beziehung zur Leiblichkeit gehört zur Wesenskonstitution der Geistseele. Ohne diese Beziehung ist die Seele keine Seele. Der Leib ist also von vornherein in der Seele mit einbeschlossen. Diese Wesensbeziehung entsteht aber nicht etwa zwischen zwei in ihrer Wesenskonstitution schon vollendeten Seienden, sondern herrscht ind ihnen vor jeglicher Beziehung und macht sie zu dem, was sie sind: zum Leib und zur Seele.

Die Beziehung zwischen Leib und Seele ist eine »transzendentale Relation«, das heißt eine alle Schichten, Bestimmungen und Beziehungen der Seele und des Leibes durchgreifende Grundbeziehung. Alles, was in der Leiblichkeit zur Erscheinung gelangt, ist Ausfaltung der Seele, Ausfaltung dessen, was in der Geistseele ursprünglich und einbeschlossen (originaliter et quodammodo implicite) schon enthalten ist. Die Seele »entläßt« mit innerer Notwendigkeit (mit einer Notwendigkeit, die sie erst zur Seele macht) die Leiblichkeit aus sich selbst. Und umgekehrt, der Leib »verlangt« mit innerer Notwendigkeit (die ihn zum Leib macht) nach der Seele.

Angelpunkt der Weltentwicklung

Von dieser ein wenig zu abstrakt formulierten Lehre her ist zu verstehen, was eigentlich Mensch ist. Wir können einen Menschenleib nicht berühren, ohne die Seele irgendwie anzutasten, und umgekehrt. Der Leib ist immer schon Seele, und die Seele ist immer schon Leib. Hier wird eine ganze, man möchte sagen »umwälzende« Theorie der menschlichen Liebe, der Medizin, der Freundschaft und überhaupt der zwischenmenschlichen Beziehung ausgesprochen. Erst durch diese Beziehung kann das Weltall im Menschen wirklich hinübergehen ins Geistige, kann es wirklich zum Geist werden.

Wie wir bereits dargelegt haben, ist die Welt eine seit je (und immer noch) in Umwandlung befindliche Einheit. Das Universum bekundet eine Vorzugstendenz für das Kompliziertere, Innerlichere und Einheitlichere. Mit der Höherentwicklung des Lebens wurde diese Richtung immer deutlicher und ausgeprägter, bis schließlich im Menschen sich der große Sprung vollzog: Das Leben wurde derart fein und dermaßen aufnahmefähig, daß es sogar den Geist zu »beherbergen« vermochte. Wenn man diese Entwicklung rückblickend zu verstehen sucht, so kann man sich des Eindruckes nicht erwehren, die ganze Entwicklung des Weltalls werde durch einen Drang nach »Vergeistigung« beherrscht. Die Lehre des Aquinaten über die Leib-Seele-Einheit gibt uns die denkerische Grundlage zu sagen, daß im Menschen die Materie wirklich in Seinseinheit mit dem Geist trat. Erst durch diese Lehre können wir den eigentlichen Sinn und die Erklärung der Evolution formulieren: Im Menschen konzentrieren sich alle materiellen Energien des Weltalls und stoßen in die Sphäre des Geistes durch. So ist der menschliche Leib der Angelpunkt der Weltentwicklung.

DER MENSCH ALS EINHEIT VON LEIB, SEELE UND GNADE

Die thomasische Lehre über die Leib-Seele-Einheit gibt uns bedeutende und grundlegende Aufschlüsse über unsere Stellung im All. Dennoch ist sie nicht das Tiefste des Denkmöglichen. Dieses wurde von Aurelius Augustinus in einer denkerischen Anregung ausgesprochen, die sein Genie sozusagen mit der »linken Hand« in einem Nebensatz hinwarf: in der Lehre der »Leib-Seele-Gnade-Einheit«. Die Bezeichnung ist nicht geläufig; sie wurde von uns als Abkürzungsformel geprägt. Augustinus beschreibt das menschliche Lebensganze in einem sehr einprägsamen Satz: »Das Leben des Leibes ist die Seele, das Leben der Seele aber Gott.« Dieser Satz führt uns tiefer in die menschliche Wirklichkeit hinein als die Lehre des heiligen Thomas von Aquin. Vor allem gibt er uns Aufschluß darüber, wieso wir, die wir gleichsam die Blüte des Weltalls sind, von Leid und Krankheit befallen werden können, unsere Lebenseinheit also gebrochen ist.

»Das Leben des Leibes ist die Seele.« Der erste Teil des Satzes führt uns nicht über Thomas von Aquin hinaus. Es wird lediglich das gleiche in einer anderen Form gesagt: Das Wesen des Menschenleibes besteht darin, daß seine Lebendigkeit nicht vom Leib selbst herrührt, sondern aus der Seele wie aus einer Quelle des Seins herüberströmt. Die Seele macht den Leib erst wirklich lebendig. Der Geist ist also kein Widersacher des Leibes, ganz im Gegenteil.

»Das Leben der Seele aber ist Gott.« Dieser zweite Teil des Satzes revolutioniert unsere Alltagseinsichten über das Wesen des Menschen. Die menschliche Seele wird erst von Gott her lebendig. Diese Lebendigkeit heißt Gnade. Erst jene Seele, die ihre Gottunmittelbarkeit bewußt und liebend nachvollzieht, lebt wirklich und kann das Leben zum Leib hinübertragen. Wenn wir nun diese zwei Satzteile wieder zusammenfügen, entsteht eine erstaunliche Deutung der gesamten Weltwirklichkeit, die zugleich anthropo- und theozentrisch ist.

»Das Leben des Leibes ist die Seele, das Leben der Seele aber Gott.« Ein von Gott her begnadeter Mensch stellt eine besondere Einheit dar: Der ganze Mensch lebt gleichsam von oben »herab« und wird in allen Strukturen seines Wesens zur Offenbarung Gottes, zum Zeugen des Unsichtbaren.

Sündenfall unterbricht die Entwicklung des Weltganzen

Dieses Lebensganze existiert heute nicht mehr. Die Sünde hat es zerbrochen. Der lebenspendende Strom der Gnade wurde unterbrochen. Damit büßte die Seele die Fähigkeit ein, den Leib vollends zu beherrschen, sich in ihm ganz auszudrücken, in ihm restlose Selbstverwirklichung zu finden. Das Glühende, das Eigentliche, das Lebendige des Menschen ist damit verlorengegangen, jenes Ursprüngliche, das sich aus dem ganzen Universum im Menschen sammelte und durch ihn, durch die bewußte Entscheidung des Menschen, sich zu Gott »emporringen« wollte. Daraus erhellt, daß der Sündenfall eine unbeschreibliche Katastrophe war, und zwar nicht nur für die Menschheit, sondern auch für den ganzen Kosmos. Der Drang des Universums nach Gott wurde durch ihn unterbrochen. Die Welt hätte — nach dem ursprünglichen Schöpfungsplan Gottes und in seiner Kraft — durch den menschlichen Geist, mit dem sie (im Menschenleib) wesenhaft vereint ist, in das ewige Mitsein mit Gott hineingehen sollen. Die Sünde hat aber diesem kosmischen Strom einen Damm errichtet. So hat sich die ganze Entwicklungsenergie des Weltalls im menschlichen Sein aufgestaut und wurde dort zu einer zerstörenden Macht. Diese Stauung der Energien erzeugte im Menschen einen Wirbel von Spannungen, Wallungen und Brandungen, die sich in unserem Bewußtsein als Rastlosigkeit, Unruhe, Grausamkeit, Gewalt und in der menschlichen Geschichte als Kampf, Krieg, Zerstörung und Haß auswirkten.

Christliches Zeugnis öffnet das Weltganze zu Gott hin

Gott wollte die Weltentwicklung wieder in Bewegung bringen. Er konnte nicht zusehen, wie seine Schöpfung zugrunde ging. Deshalb hat er in die Weltwirklichkeit radikal eingegriffen und wurde in Christus ein Mensch, ging hinein in den Tod und durchbrach damit den Damm der Welt; durch diese Öffnung kann jetzt die Weltentwicklung weiterströmen. In seiner Auferstehung und Himmelfahrt führte Christus die Welt bereits in die ewige Vollendung hinein, indem er uns eine neue Gottunmittelbarkeit möglich machte. Der Mensch, als seinshaft verwirklichte Einheit von Leib, Seele und Gnade, kann damit nur auf dem gleichen Wege heil werden, den Christus für uns beschritten hat: durch den Tod und durch das, was aus dem Tod von Christus her geschaffen wurde, durch die Auferstehung und Himmelfahrt. Wenn es für uns auch nur im Tod möglich sein wird, die »Leib-Seele-Gnade-Einheit« vollends zu verwirklichen, so besteht dennoch die Lebensaufgabe des Christen darin, von diesem Zustand bereits jetzt Zeugnis abzulegen, in einem geduldigen Reifen mit Seele und Leib Gott immer mehr »entgegenzuwachsen«. Der Christ sollte in täglich neuer Anstrengung sein ganzes Wesen, also seinen Geist und durch ihn seinen Leib, »gottdurchsichtig« machen. Diese Anstrengung heißt christliches Zeugnis. Sie ist also nicht etwa eine bloße Frömmigkeitsübung, sondern die Herstellung des von Gott entworfenen Weltzustandes. Durch dieses Zeugnis öffnet der Christ das menschliche Wesen wieder auf Gott hin, das heißt er fängt an, als eigentlicher Mensch, als Einheit von Leib, Seele und Gnade, zu leben. In der christlichen Anstrengung, in einer Welt der Finsternis und Gottundurchsichtigkeit von der Freundschaft Christi, das heißt von der Gnade her zu leben, wird die Bewegung des Weltalls neu »in Gang gebracht«: Der Leib wird wieder lebendig, die Freude wieder greifbar, die Welt geistdurchsichtig, das Weltall wieder gottoffen.

Diese Einsichten eröffnen für uns ganz neue Perspektiven: Der menschliche Leib, so wie wir ihn erfahren, ist nur ein schwaches Abbild von dem, was eigentlich Menschenleib sein sollte. Das Eigentliche der menschlichen Leiblichkeit wird erst im auferstandenen Christus sichtbar. In ihm, im Nachvollzug seiner Auferstehung, erlangen wir echte menschliche Leiblichkeit. Damit wurden die drei folgenden Punkte unserer Betrachtung ausgesprochen: die Uneigentlichkeit unserer Leiblichkeit; die Vollendung des Leibes im auferstandenen Christus; der auferstandene Menschenleib.

DIE UNEIGENTLICHKEIT UNSERER LEIBLICHKEIT

Unsere irdische »Zerrissenheit« gründet in unserer Leiblichkeit. Das ist keine »platonisierende« Aussage. Wir wollen nicht sagen, daß wir deshalb innerlich »zerrissen« sind, weil wir leiblich existieren, sondern weil wir in eine uns noch fremde Leiblichkeit gebunden sind. Und diese »Fremdheit« unserer Leiblichkeit kommt nicht etwa von unserem Leib, sondern aus der Kraftlosigkeit unserer Seele, die ihre Lebendigkeit von der Gnade her verloren hat und deshalb unfähig ist, den Leib vollends zu beherrschen. Wir möchten dies in drei Punkten erläutern.

Der Mensch hat seinen Leib nicht ausgewählt, sondern, mit all seinen Vor- und Nachteilen, von seinen Eltern bekommen. Durch die Geburt wurde der Mensch in eine Gemeinschaft gleichsam »hineingestoßen«, die ihm den überwiegend großen Teil seiner Gedanken, Gefühle, Wertungen und Reaktionen auferlegte. Ein Bündel von »vorausbestimmten Handlungsweisen«, die tief ins Unbewußte reichen, entstand in ihm während der ersten Jahre der Erziehung. Seelische Verwicklungen wurden in ihm angelegt, die er durch das ganze Leben hindurch zu tragen hat. Vorurteile, Maßstäbe des Wertens, Weisen des Sichverhaltens wurden in ihm gleichsam »dressiert«. Diese »Dressate« verdichteten sich in seinem Dasein zu Handlungsmechanismen. So entstand langsam ein »Fremdmaterial«, aus dem er seine »Person« erst gestalten sollte. Da jedoch sein Geist die von der Gnade herkommende Lebendigkeit nicht mehr besitzt, vermag er diesen fremden Leib nicht zu sich selbst »heimzuholen«. Deshalb begrenzt seine Leiblichkeit das Leben selbst in ihm (»Lebensbegrenzung«). Er vermag die Fremdheit, das Schwere und die Undurchsichtigkeit seines Körpers nie ganz zu überwinden. Er hat einfach keine Kraft dazu. Deshalb bleibt er auch fremd in der Welt, fremd den Dingen, den Personen und den Ereignissen gegenüber. Vor allem aber sich selbst ist und bleibt er ein »Fremdling«. »Durch die Abwendung von Gott, in dessen schöpferischer Liebe der Grund seines Seins und Selbstseins liegt, ist der Mensch verwundet worden und hat seine ursprüngliche Kraft, den Leib so zu durchseelen und in das eigene Selbstsein hinüberzunehmen, daß er vollkommen und ohne Widerstand jeder Bewegung des Geistes folgt, zu einem großen Teil verloren. Von seinem eigenen Seinsgrund durch eigenes Verschulden getrennt, hat das Sein keinen festen Stand mehr. Im Selbst liegt also der eigentliche und tiefste Grund der Selbstentfremdung. Die Dumpfheit, Undurchdringlichkeit und Widerständigkeit des Leibes gegen den Geist ist nur Folge, nicht Ursache ... Stoff und Leib sind nicht weniger als der Geist aus Gottes schaffender Hand hervorgegangen und können darum unmöglich an sich böse sein. Also muß die Ursache der Selbstentfremdung im Geist liegen, der zu schwach ist, den Leib zu sich emporzuheben ... Nicht Befreiung vom Leib, sondern Befreiung des Leibes durch Befreiung und Ermächtigung des Geistes ist darum die Rettung ... Darum muß der Mensch erlöst werden, um zu sich selbst zu kommen. Er muß zu Gott hingewandt werden, um sich wieder ihm so zuwenden zu können, wie es sein sollte. Er muß wieder zu Gott, seinem Grund zurückgebracht werden, um sich selbst zu finden. Durch liebenden Gehorsam gegen Gottes Willen und helfende Liebe gegen die Menschen im Dunkel des Glaubens und im Schmerz der scheinbaren Selbstaufgabe bereitet sich unsichtbar die Rückkehr des Menschen zu sich selbst vor. Immer entschiedener verlegt sich der Schwerpunkt seines Seins dahin, wo er wirklich er selbst ist, bis dann in der Verklärung kund wird, was es bedeutet, erlöst zu sein: heimgefunden haben zu sich selbst, weil man zu Gott, dem Ursprung des eigenen Seins, in Liebe heimgefunden hat« (August Brunner).

Verlust der allkosmischen Gegenwart

Unsere diesseitige, vom Geist nicht vollends durchdringbare Leiblichkeit schafft für den Menschen nicht nur eine Lebensbegrenzung, sie läßt um ihn herum eine »Raumbegrenzung« entstehen. Darunter verstehen wir folgendes: Der Mensch steht nicht einfach da, wie »vom Himmel herabgefallen«, er ist vielmehr tief hineingesenkt in die Mit- und Umwelt, aus der ihn Gottes Hand heraushob. Darüber hinaus: Im Menschen vollendet sich eine kosmische Geschichte. Der Mensch und das Universum bilden eine Schicksalseinheit. Als »Mikrokosmos« ist der Mensch eine »Zusammenfassung« des Weltalls. Die eigentliche »Heimat« des Menschen — so seltsam es auch klingen mag — müßte also das Weltall in all seinen Dimensionen sein. Dazu kommt noch folgendes: Die Geistseele ist ein »leibgewordener Geist«, eine »leibgebundene Immaterialität«. Dem Geist ist es aber eigen, nicht auf einen beschränkten Teil des Universums »zurückgeworfen« zu sein. An sich müßte der Geist die dreidimensionale Räumlichkeit durchmessen, gleichzeitig überall, das heißt »all-kosmisch«, sein können. Diese Fähigkeit der allkosmischen Gegenwart hat die Geistseele dadurch verloren, daß sie aus der Gegenwart Gottes, die das ganze Weltall erfüllt, »herausfiel«. So hat sie sich zurückgeworfen auf die Raumbegrenzung des Leibes, statt daß sie ihren Leib in die allkosmische Gegenwart hineingehoben hätte. Erst im Augenblick, da der menschliche Geist wieder in einer ganzheitlichen Entscheidung zu Gott zurückfindet, vermag er die Welt zu erfüllen, kann er seine jetzige »Raumbegrenzung« ablegen und ganzheitlich »weltgegenwärtig« sein und auch den Leib in die Dimensionen des Universums »ausbreiten«. Erst dann fängt der Mensch an, seinem eigentlichen Wesen gemäß zu leben.

Folge von Zeitmomenten statt Dauer

Die Unfähigkeit des Geistes, den Leib ganz unter seine Herrschaft zu bekommen, bedingt auch eine »Zeitbegrenzung« unserer Person. Der in die Leiblichkeit ganz hineingebundene (das heißt den Leib nicht umformende) Geist lebt »materiell«, in einer Aufeinanderfolge von Zeitmomenten. Sein Leben ist gleichsam in unzählige Daseinsblitze zerspalten. Er tritt nur je für einen Moment ins Sein. Diese Zeitspanne genügt aber nicht, um darin den vollen Reichtum des menschlichen Geistes zu verwirklichen. So »ist« der Mensch im eigentlichen Sinne des Wortes noch nicht; er ist stets im Werden. Er kann nicht in einer ungeteilten Gegenwart leben. Erst in dem Augen‑blick, da der Geist ganzheitlich zu Gott zurückgefunden hat, zu Gott, der sein Leben von Ewigkeit zu Ewigkeit in einer einzigen Gegenwart lebt, kann sich für ihn eine neue Dimen‑sion der Dauer eröffnen, in der der Mensch nicht mehr zeit‑lich »zerstückelt« lebt. Erst dann fängt für uns ein »men‑schenwürdiges« Leben an, ein Leben, das aus einer ständigen, unaufhörlichen Gegenwart besteht.

Christus hat in seiner Auferstehung all diese Begrenzungen des menschlichen Daseins überwunden. In ihm wurde sicht‑bar, was der Mensch in seiner Eigentlichkeit ist. So muß unsere Betrachtung sich auf Christus, den Auferstandenen, konzentrieren. In ihm werden wir erkennen, in welcher Da‑seinsweise sich die Weltwirklichkeit vollendet.

DIE VOLLENDUNG DES LEIBES IM AUFERSTANDENEN CHRISTUS

Wenn man die Berichte der Evangelien über den Auferstan‑denen aufmerksam durchliest, entsteht ein seltsamer Eindruck: Die Schranken der Leiblichkeit bestehen für Christus nicht mehr; er erscheint, geht plötzlich neben den zwei Jüngern her, entschwindet, dringt in verschlossene Räume ein. Eine neue Seinsweise, für unsere irdischen Begriffe unfaßbar, ist hier entstanden; eine verwandelte menschliche Wirklichkeit. Die Schranken des Raumes und der Zeit sind gefallen. Die Materie ist ganz Geist geworden. In diesem Christus strahlen alle Farben und Lichter der Schönheit. Sein Wesen leuchtet bis zu den äußersten Sphären der Welt. Seine Stirn besteht aus Sonnenglanz, seine Augen aus Feuer; seine Gestalt ist fun‑kensprühender als schmelzendes Gold; seine Hände halten die Sterne gefangen. Er ist der Erste und der Letzte, der Leben‑dige geworden. Seine Auferstehung war nicht einfach eine

Rückkehr in das bisherige Leben — wie zum Beispiel bei der Auferweckung des Lazarus, der sich wieder in der Begrenztheit unserer Existenz bewegte. Die Auferstehung Christi ist vielmehr eine Verwandlung.

Eine neue Existenzweise

Johannes beschrieb diese Existenzweise in der Einführungsvision der »Geheimen Offenbarung«: »Ich wandte mich um, die Stimme zu erschauen, die zu mir sprach. Und wie ich mich umwandte, sah ich sieben goldene Leuchter, und inmitten der Leuchter eine Gestalt wie des Menschen Sohn, umhüllt von einem wallenden Gewand, und die Hüfte umgürtet mit einem goldenen Gürtel. Sein Haupt und seine Haare waren weiß wie schneeig weiße Wolle. Seine Augen waren wie Feuerbrand, seine Füße wie Erz, im Ofen geglüht, und seine Stimme wie das Tosen vieler Wasser. Auf seiner Rechten hielt er sieben Sterne. Aus seinem Mund ging ein Schwert hervor, zweischneidig scharf, und wie die Sonne in ihrer Macht, so strahlte sein Antlitz. Da ich ihn erblickte, fiel ich wie tot zu seinen Füßen nieder.« Der Apostel Paulus sagt von diesem Christus: »Der Herr ist Geist.« In diesem Satz meint das Wort »Geist« nicht einen Unterschied zur Leiblichkeit. Es besagt: aus den Grenzen des irdischen Daseins gehoben, in die Ewigkeit, in die Unbegrenztheit des Lebens, des Raumes und der Zeit hinübergenommen. »Geist« meint hier das ganze Dasein, insofern es leuchtend geworden ist, insofern es als erhellendes Licht, schaffende Kraft, heilige Lebendigkeit, Intensität der Wirklichkeit, als Herrlichkeit existiert, insofern der Mensch zur leuchtenden Flamme der Eigentlichkeit geworden ist.

Das Menschenantlitz bleibt für die Ewigkeit

Der Sohn Gottes hat nach der Vollendung seines Werkes der Erlösung sein Menschsein nicht aufgegeben. Das Menschenantlitz bleibt für die Ewigkeit das Antlitz Gottes. Auf diesem Antlitz sehen wir alle Dinge und Ereignisse der Erde gleichsam ineins geschmolzen, die ganze Welt ist ewig einsgeworden in der Glut der Gottheit. Dies ist das Letzte, was über Gott und über die Welt ausgesagt werden kann. Das menschliche Sein ist über die äußerste Sphäre der Welt hinausgestiegen und eingegangen in das Leben der heiligen Dreifaltigkeit. Darin hat die Welt ihre endgültige Vollendung erlangt, ist zurückgekehrt in den, aus dessen Schoß sie vor unausdenklichen Zeiten entsprang. Christus ist der »Erstgeborene der Schöpfung«, die »Erste Frucht«, der »Anfang«, der »Urgrund der Welt«. In ihm wurde die Welt in das ewige Sein Gottes hineingehoben. Somit steht er in der Weltwirklichkeit als unzerstörbarer Beginn. Er wirkt in unseren Weltbereich hinein als entzündende Glut. Alles soll in ihn hineingenommen werden. In Christus trat die Welt in ihren eigentlichen Zustand ein. In ihm vollendete sich das All. Die Welt ist schon erlöst. Sie ist ewig. Nur wir Menschen müssen unsere Ewigkeit erringen, müssen unseren Leib hineinnehmen in die endgültige Vollendung. Denn wir Menschen können nur durch unsere freie Entscheidung »ewig« werden. Indem wir uns für Christus entscheiden, mit ihm in eine liebende Seinseinheit treten, erlangen wir die gottgewollte Einheit unseres Wesens, die Herrlichkeit unserer Seele und unseres Leibes. Darin werden wir erst zum »Menschen«.

Was ist auferstandener Menschenleib? Wir möchten der Beantwortung dieser Frage eine Vorfrage vorausschicken, die sich auf etwas scheinbar Nebensächliches bezieht, die uns aber dicht an die Wesensbestimmung des Auferstehungsleibes heranführen wird. Wir sind uns bewußt, daß der hier entworfene Gedankengang vielen als gewagt erscheinen wird. Dennoch möchten wir ihn als Hypothese formulieren, als einen Denkansatz also, den wir auf bessere Gegenargumente hin jederzeit neu durchdenken oder sogar gänzlich aufgeben würden.

Wann geschieht unsere Auferstehung?

Einerseits betont die Offenbarung, daß die Auferstehung ein Endzeitereignis ist: »Bei der Stimme des Erzengels, beim Schall der Posaune Gottes ... werden zuerst die Toten auferstehen, die in Christus sind.« Dies ist das erste Element, woran wir unbedingt festhalten müssen: Die Auferstehung des Menschen fällt mit der Wiederkunft Christi am Ende der Zeit zusammen. Andererseits müssen wir aber auch folgendes bedenken: Ein Zustand des Losgelöstseins von der Leiblichkeit ist der Seele zutiefst unnatürlich. Wir haben festgestellt, daß in der Geistseele eine unmittelbar schon mit dem Wesen der Seele gegebene Bezogenheit auf die Materie ist. Wird etwa Gott nach dem Tod die Seele künstlich von jeglichem Leibkontakt fernhalten bis zur Auferstehung am Ende der Zeit? Das wäre ein ebenso bizarrer Gedanke, wie wenn man einen Menschen, der völlig normal atmen kann, durch künstliche Atmung am Leben erhalten wollte. Dies ist das zweite Element, woran wir auch festhalten müssen: Die Seele schafft sich mit Naturnotwendigkeit einen Wesensausdruck in der Materie, kann also keinen Augenblick ohne Leib existieren. Karl Rahner versucht diese zwei Elemente in einer einzigen

Hypothese zusammenzufassen, die uns zwar sehr anspricht, aber nicht voll befriedigt. Er kommt zur Annahme, daß das »Leibfreiwerden« der Seele im Tode nicht ein völliges »Ausbrechen« aus der Materie bedeutet, sondern daß im Gegenteil gerade durch den Vorgang des Todes sich für die Seele eine neue, wesenhafte Nähe zur Materie ergibt. Versucht man die Art dieser Nähe zu bestimmen, so zeigt sich, daß die menschliche Seele im Tode, statt »a-kosmisch« (weltlos) zu werden, in eine neue Bezogenheit zur Stofflichkeit tritt, daß sie also in einem wirklichen (aber nur schwer definierbaren) Sinn »allkosmisch« (überall im Weltall anwesend) wird. Diese neue Bezogenheit würde die Seele dorthin versetzen, woher die gesamte Natur der Welt aus den eigenen Seinsgründen erwächst. Der Tod wäre demnach der Abstieg zum Mutterboden der Welt, zur ursprünglichen Einheit der Wirklichkeit, wo alles zentral verknotet ist, wo alle Dinge wie aus einer Wurzel leben, in das Unterste, Tiefste und Wesentlichste der Wirklichkeit. Ein solcher Weltbezug bedeutet, daß die so im Tode durch die Aufgabe ihrer abgegrenzten Leibgestalt sich dem All öffnende Seele irgendwie in der ganzen Welt gegenwärtig wird, ja daß sie die Ereignisse des Weltalls von ihrem letzten Grund gestaltend mitbestimmt. Man könnte dieses Zentrale der Welt mit dem Urwort »Herz« beschreiben. Im Tod gelangt die Seele ins »Herz des Universums«. In dieser Hypothese könnten wir dann die »Höllenfahrt« Christi besser erklären. Die menschliche Seele Christi wäre in der »Höllenfahrt«, in ihrem »Abstieg zu den Niederungen der Erde«, in ein offenes Verhältnis zum Weltganzen getreten. Die ganze Welt wäre dadurch zum »leibhaften Organ« Christi geworden, und Christus könnte so auf alle Menschen unmittelbar einwirken, ja auf alle Wesen, die zu unserem Kosmos leibhaft gehören.

Wir können einen solchen allkosmischen Weltbezug der durch den Tod hindurchgegangenen Geistseele nicht von vornherein als undenkbar ablehnen, so schwer dessen genaue Bestimmung innerhalb unseres überkommenen philosophisch-theologischen Begriffsapparates auch sein mag und sowenig unsere bildhaften Denkschemata auf eine solche Vorstellung eingestellt sind. Wir fragen uns nur, warum man bei dieser Deutung stehenbleiben und weshalb man nicht einen viel radikaleren Vorstoß in das Geheimnis der Auferstehung wagen soll.

Mit der Auferstehung Christi wurde der Raum der Auferstehung für alle Menschen grundsätzlich eröffnet. Die Endzeit ist schon angebrochen. Warum könnte im Tod nicht zugleich die Auferstehung stattfinden? Nur ein einziges — allerdings sehr gewichtiges — Argument scheint gegen eine solche Annahme zu sprechen: die ausdrücklichen Aussagen der Offenbarung, daß die Auferstehung am Ende der Zeit stattfinden wird. Man darf diese »Endzeitaussagen« der Offenbarung nicht unsachgemäß »entmythologisieren«, »reduzieren« oder »verkümmern lassen«. Wir schlagen die folgende Lösung vor: Die Auferstehung findet sogleich im Übergang des Todes statt; diese Auferstehung ist aber noch nicht vollendet. Der auferstandene Leib bedarf des umgewandelten, verklärten Kosmos als seines Wesensraumes. Wir können unsere Auferstehungsleiblichkeit erst in ihrer vollen Entfaltung leben, wenn die Welt in den Zustand der Verklärung eingetreten ist. Die glorreiche Umwandlung der Welt am Ende der Zeit würde also die endgültige Vollendung der im Tode bereits geschehenen Auferstehung sein. Damit wären beide Aussagen sinnvoll: Die Auferstehung vollzieht sich unmittelbar im Tod — die Auferstehung ist ein Endzeitergebnis.

Nach dieser Überlegung können wir die eigentliche Frage stellen: Was ist eigentlich der Auferstehungsleib? Wir müssen diese Frage in aller Ehrlichkeit beantworten: Wir wissen es nicht. Wir wissen nur, daß der Auferstehungsleib der vollkommene Ausdruck einer mit Gott ewig verbundenen Geistseele sein wird. Von diesem Ansatzpunkt her können wir wenigstens sagen, was dieser Leib nicht sein kann.

Leib ohne Leid

Der Auferstehungsleib kann kein Leid erfahren. Er ist in den
Geist völlig aufgenommen, in einen Geist, der ganzheitlich
bei Gott, bei der unendlichen Seligkeit lebt. Auferstehung bedeutet deshalb zunächst Leidlosigkeit. Dies ist eines der immer wiederkehrenden Themen des Neuen Testamentes in bezug auf die ewige Herrlichkeit. Die Erwählten werden getröstet; sie werden gesättigt; Gott selber wird jede Träne von
ihren Augen trocknen; der Tod wird nicht mehr sein, noch
Jammer, noch Mühsal; sie werden nicht mehr hungern und
dürsten; die Sonne wird nicht mehr sengen, noch irgendeine
Glut.
Diese Leidlosigkeit ist aber in der Bibel lediglich die Kehrseite
eines unendlichen Beschenktwerdens. Der Mensch wird leuchten wie die Sonne im Reich des Vaters. »Es ist geschehen,
sprach Gott. Dem Durstigen will ich aus Gnaden geben vom
Quell des ewigen Wassers. Der Sieger wird mich selbst erben.«
Und schließlich das geheimnishafte Versprechen, worin unsere Herrschaft über das Universum versinnbildlicht ist: »Wer
siegt und wer in meinen Werken ausharrt, dem werde ich den
Morgenstern geben.« Gott wird also das ganze Menschen-
wesen, den Leib und die Seele, ganzheitlich durchdringen und
durch alle Poren des menschlichen Daseins strahlen.

Mit allen Sinnen Gott erfahren

Die Gottfremdheit unseres Leibes wird im Zustand der Auferstehung gänzlich aufhören. Die Leiblichkeit wird in die erlebte Gottunmittelbarkeit hinübergenommen. Mit all unseren
Sinnen werden wir Gott erfahren.
Ignatius von Loyola lehrt in seinen »Exerzitien«, wie der
Mensch bereits in seinem irdischen Leben zum »inneren Fühlen und Kosten« der Gottheit gelangen kann. Aurelius Augu-

stinus beschreibt in seinen »Bekenntnissen« die sinnlich erfahrene Gottesnähe wie folgt: »Was aber liebe ich, o Gott, wenn ich dich liebe? Nicht die Schönheit eines Körpers noch den Rhythmus der bewegten Zeit. Nicht den Glanz des Lichtes, der da so lieb ist in den Augen. Nicht die süßen Melodien in der Welt des Tönens aller Art. Nicht der Blumen, Salben, Spezereien Wohlgeruch. Nicht das Manna und nicht den Honig. Nicht Leibesglieder, die köstlich sind in der fleischlichen Umarmung. Nichts von alledem liebe ich, wenn ich liebe meinen Gott. Und dennoch liebe ich ein Licht und einen Klang und einen Duft und eine Speise und eine Umarmung, wenn ich liebe meinen Gott. Licht und Klang und Duft und Speise und Umarmung meines inneren Menschen. Dort erstrahlt meiner Seele, was kein Raum erfaßt ... Dort erklingt, was keine Zeit entführt. Dort duftet, was kein Wind verweht. Dort mundet, was keine Sattheit vergällt. Dort schmiegt sich an, was kein Überdruß auseinanderlöst. Das ist es, was ich liebe, wenn ich liebe meinen Gott.« Origenes sagt: »Die seligen Propheten entdeckten die göttliche Sinnlichkeit. Sie schauten auf eine göttliche Weise und hörten auf eine göttliche Weise, und sie schmeckten und verspürten vermittels einer, wenn ich so sagen darf, unsinnlichen Sinnlichkeit und tasteten das Wort durch den Glauben an, so daß es sie wie ein heilender Regen überströmte.« Diese Erfahrungen greifen dem Zustand des auferstandenen Leibes voraus, in dem all dies zur vollen Entfaltung gelangen wird.

Gegenwärtig in der Herrlichkeit der Welt

Der Leib wird keine Schranke mehr bedeuten. Der Geist, von der Gnade zur endgültigen Lebendigkeit erweckt, wird im Leib »er selbst« sein können. Das Tasten des Leibes wird ein geistiger Vorgang sein; ebenso das Schmecken, das Sehen, das Riechen und das Hören. Zudem wird jene mühevolle »Bearbeitung« der Sinneseindrücke aufhören, durch die unser Geist aus den Nervenreizen, aus der Vielfalt des Erfahrenen zum unsichtbaren Grund der Wirklichkeit vorstößt. Das Sehen wird zum unmittelbaren Wissen, das Tasten zum Erkennen, das Hören zum Verstehen, das Schmecken zur Innewerdung, das Riechen zum Lieben. Die Grenzen des Raumes werden fallen: Der Geist wird unmittelbar dort existieren, wohin seine Liebe, seine Sehnsucht, sein Glück ihn hinzieht. Es wird nichts Unerreichbares mehr da sein. Und in dieser intuitiven Gegenwart der menschlichen Seele in der ganzen Welt wird jenes Süße und Herrliche enthalten sein, was die Erdhaftigkeit unserer Sinne bedeutet und was — wenn der Mensch es einmal erfahren hat — ewigen Bestand haben soll. Wer von uns möchte schon rein »geistig« existieren? Wer möchte vermissen, was der Anblick einer blühenden Wiese, die Umarmung eines geliebten Wesens, das Hören einer lieblichen Stimme, das Schmecken einer sättigenden Speise und das Riechen eines angenehmen, »schönen« Duftes bedeutet?

In dieser Hinsicht sind die Engel wirklich »bedauernswert«. Sie haben kein »Herz«. Gerade »dieses Herz ist das Mysterium des Menschseins, tiefer, abgründiger, umfänglicher als alles ›rein Geistige‹, geistig aufblühend ... doch immer gebunden an den dichten und tiefen Abgrund der Lebensvereinzelung« (G. Siewerth). Die Mitte der Welt ist kein Engel, sondern der auferstandene Mensch: Er ist die Einheit und der Gipfel aller Natur, die höchste Lebenseinigung aller kosmischen Bezüge, Vermischung und Zusammenordnung aller Gegensätze und Elemente. Der auferstandene Mensch ist der Erde schönstes Kind und zugleich ein Wesen, in dem Gott ruht. In ihm erreicht das Universum seine ewige Vollendung, so daß Schelling sagen konnte: »Es ist mir recht innig klar geworden und ans Herz gedrungen, daß wir Kinder der Natur sind, daß wir unserer ersten Geburt nach zu ihr gehören und uns nie ganz von ihr lossagen können, daß, wenn sie nicht Gott gehört, auch wir nicht zu ihm gehören können, und wenn sie nicht eins werden kann mit Gott, auch unsere Vereinigung mit ihm entweder unvollkommen oder gar unmöglich sein muß.«

Noch nie wurde der Leib so ernst gedacht und so radikal verehrt wie im Christentum. Wer könnte die unauslotbare Tiefe der Paulusworte begreifen, daß der Heilige Geist in »unsere Herzen« ausgegossen und daß unser Leib (nicht unser Geist) ein »Tempel des Heiligen Geistes« sei. Und schließlich, wer könnte vom menschlichen Wesen Tiefgründigeres aussagen als die Offenbarung, die uns kundtut: Der Schoß einer Jungfrau ist ein erhabenerer Schrein Gottes als der erleuchtete Lichtraum eines reinen Geistes.

Von diesen Einsichten unseres Geschaffenseins und unserer Leiblichkeit her sollen nun in den drei folgenden Meditationen die quälenden Fragen der Krankheit, des Leides und des Todes beantwortet werden (soweit es möglich ist). In einer abschließenden Betrachtung wollen wir dann zum eigentlichen Geheimnis unserer leib-seelischen Wirklichkeit vorzustoßen versuchen: zum Mysterium des ewigen Lebens.

Betrachtungen über die Krankheit

Die erste Forderung der christlichen Nächstenliebe heißt: Wir müssen uns allem Übel in der Welt widersetzen. Unsere christlichste Aufgabe ist es, denen, die wir lieben — und wir haben die Verpflichtung, möglichst viele Menschen zu lieben —, alles zu ersparen, was sie bedrücken und quälen könnte, das heißt ihnen den Weg zur letzten Seligkeit, zum Himmel zu erleichtern. Das gilt vor allem von der Krankheit. Solange der Widerstand möglich ist, wird der Christ ihr Trotz bieten. Zusammen mit Gott soll der Christ gegen das Übel kämpfen. Das christliche Dasein ist auf den »Nächsten« aufgebaut. Als Christ habe ich meinem verlassenen und leidenden Bruder zu helfen, und darin bin ich ein Christ. Ein Christentum, das sich den dringenden Aufgaben der Liebe zu den Ärmsten und den Verlassenen entzieht, ist ein leeres Geschwätz.

Hören wir zunächst einen Bericht aus dem Evangelium: »Jesus zog nach Jerusalem hinauf. Beim Schaftor von Jerusalem befindet sich ein Teich mit fünf Hallen, hebräisch Bethzatha genannt. Dort lagen zahlreiche Kranke: Blinde, Lahme, Schwindsüchtige, die auf die Bewegung des Wassers warteten. Nun war dort ein Mann, der schon achtunddreißig Jahre an seiner Krankheit trug. Als Jesus ihn sah und erkannte, daß er schon lange Zeit so elend daniederlag, sprach er zu ihm: ›Möchtest du gesund werden?‹ Der Kranke erwiderte ihm: ›Herr, ich habe keinen Menschen, mich in den Teich zu bringen, wenn das Wasser in Wallung gerät; in der Zwischenzeit, bis ich hinkomme, steigt ein anderer hinunter.‹ Da sprach Jesus zu ihm: ›Steh auf, nimm deine Bahre und geh deines

Weges!‹ Sogleich wurde der Mann gesund, nahm seine Bahre und ging seines Weges.«

Es ist eine der schrecklichsten Erfahrungen eines Menschenlebens, wenn man in die Klage ausbrechen muß: »Ich habe keinen Menschen.« Solange ein Mensch in meiner Umgebung, in dem mir zugänglichen Kreis das sagen muß, bin ich kein Christ. Mein ewiges Glück hängt davon ab, daß ich die Worte Jesu verstehe: »Kommt, ihr Gesegneten meines Vaters, nehmt in Besitz das Reich, das euch seit Anbeginn der Welt bereitet ist. Denn ich war hungrig, und ihr habt mir zu essen gegeben; ich war durstig, und ihr habt mir zu trinken gereicht; ich war fremd, und ihr habt mich beherbergt; nackt war ich, und ihr habt mich besucht; im Gefängnis war ich, und ihr seid zu mir gekommen.« Das sind mit Sicherheit keine »symbolischen Worte«. Sie müssen in ihrer harten Wirklichkeit verstanden werden. Freilich sind geistige Not, innere Gefangenschaft, seelischer Hunger auch harte Wirklichkeiten. Wer aber nie in seinem Leben einem Hungrigen zu essen gegeben, einem Durstigen zu trinken gereicht, einen Fremden beherbergt, einen Nackten bekleidet, einen Kranken besucht, einen Gefangenen getröstet hat, kommt gewiß nicht in den Himmel, ist also in seinem Innern kein Christ, hat vom Wesen des Christentums nichts begriffen. Er hat die Wirklichkeit verfehlt.

Christ wird der Mensch nicht in erster Linie dadurch, daß er im Gebet eine Ekstase erreicht, auch nicht dadurch, daß er um die Gebote und Verbote viel weiß, sondern durch den selbstlosen Dienst am verlassenen Bruder im Alltag, an dem Bruder, der bis dahin sagen mußte: »Ich habe keinen Menschen.« Wer hinausgeht und einem armen Kranken hilft oder auch nur einem Menschen, der sich verlassen fühlt, ein solcher Mensch wird einmal das Wort Christi hören: »Du bist ein Gesegneter. Ich habe dir seit Anbeginn der Welt ein Reich, den Himmel, bereitet. Du warst ein Christ.«

Wer ist aber mein Nächster? Als man Christus danach fragte,

gab er keine abstrakte Begriffsbestimmung, sondern erzählte eine Geschichte, die Geschichte des guten Samariters. Das Wesentliche an dieser Geschichte ist: Mein Nächster ist der, dem, wenn ich nicht helfe, niemand helfen wird. Derjenige ist mein Nächster, der nur mich hat, um ihm zu helfen. Die ganze Heilshaltung des Christen wird darin ineins gefaßt: Tue das, was niemand an deiner Stelle tun wird; halte dich bereit; entwickle die Offenheit des Herzens; sei aufgeschlossen jedem Leid gegenüber. Wenn du so bist, wirst du eines Tages dem Menschen begegnen, der niemanden hat außer dir. Dann sollst du sein Schicksal auf dich nehmen. Bleibe stehen; gehe nicht vorüber; beuge dich nieder.

Selig, das heißt des Himmels würdig, ist, wer dem Bruder gedient hat, wer die Not des anderen auf sich genommen hat, wer sich hingab, wer klein wurde im Dienst und in der Hingabe. Gottes erste Gebärde ist: Verletzungen zu ersparen, Wunden zu verbinden. Je mehr wir das Leid der anderen in jedem Augenblick von ganzem Herzen und mit allen Kräften lindern, um so näher kommen wir dem Herzen Christi. Gott will, daß wir gegen das Übel kämpfen und daß wir diesen Kampf nicht aufgeben. Ich als Christ darf — und zwar von meiner Seinsaufgabe her — den Kampf nicht aufgeben, ehe alle Möglichkeiten ausgeschöpft sind. Sonst wäre das Christentum wirklich ein Opium für das Volk. Sonst würden wir das Leid nicht umformen, sondern ihm erliegen. Es gibt eine Entrüstung, einen heiligen Zorn, den Gott gegen das Übel empfindet. Wir sollten uns dem Übel in der Welt in diesem echt christlichen Zorn stellen.

Gott will, daß wir ihm helfen. Er hat aus unserem Leben die Not nicht »weggezaubert«. Der Christ leidet, hungert, kämpft und stirbt wie alle anderen Menschen. Das Leid, der Hunger, der Kampf und der Tod haben für ihn aber einen ganz anderen Sinn erhalten. Sie sollen ihm die Möglichkeit geben, durch das Leid hineinzugehen in Gott, sich hinüberzuflüchten aus den

Finsternissen ins Licht. Im Grunde ist die Lösung ganz einfach: Gott hat es erlaubt, daß wir in die Not hineingehen, damit wir, indem wir ihr entkommen wollen, uns zu ihm flüchten, damit er uns gottfremden Wesen seine Nähe, die ewige Seligkeit, den Himmel schenken kann.

Es ist die christliche Aufgabe in der Welt, die Dunkelheiten in Licht umzuformen; wenn wir krank sind, dazuliegen, das Elend unseres Leibes durchzuleiden und uns von ihm hineinnehmen zu lassen in die Seligkeit. Wir sollten eigentlich froh sein, christlich leiden zu können. Dadurch schaffen wir das Leid aus der Welt; wir nehmen es auf uns, vernichten es und gehen so einem ewigen Glück entgegen. Leid und Krankheit geduldig zu ertragen, ist eine echt christliche Aufgabe. Im Kreuz vollzieht sich die letzte Auslese des Seins. Durch das durchlittene Leid erlangt die Welt ihre Vergeistigung. Wenn wir die Welt in Himmel umformen wollen, sollen wir die Not und die Sorge der Menschen auf uns nehmen, damit sie »ausgetragen«, aus der Welt geschafft werden. Leiden und dabei überzeugt sein, daß wir einem ewigen Glück entgegenschreiten, ist eine christliche Berufung.

So ist das Leben des Christen eine einzige Freude: Wir haben selbst für unsere schlimmste Not, für unsere leibliche Krankheit und für unser geschöpfliches Leid eine Antwort. Sie sind für uns nicht eine Bedrohung, sondern eine Aufgabe. Die christlich ausgetragene leibliche Not der Menschheit senkt den Pegel des Leides in der Welt. Wenn wir das Leid auf uns nehmen, retten wir die anderen vor dem Untergang: Wir bringen den Himmel der Welt näher.

Aus diesen Gedankengängen heben sich zwei grundsätzliche Haltungen ab, die wir jetzt näher betrachten werden: die Barmherzigkeit und die Ergebenheit.

CHRISTLICHE BARMHERZIGKEIT

Der kranke Mensch ist ein Geschenk Gottes an uns, eine unmittelbare Gnade, und als solche muß er von uns aufgenommen werden. Er ist eine Gnade Gottes an uns vor allem darin, daß er uns die Möglichkeit gibt, jene Offenheit des Herzens zu verwirklichen, die Barmherzigkeit heißt. Ohne die Haltung der Barmherzigkeit würde die Welt verkümmern. Denn ohne sie könnten wir nur schwer oder gar nicht zur echten Selbstlosigkeit gelangen, zu jener Einstellung zum Sein, in der der Mensch erst »er selber« wird. Wenn wir dem kranken Menschen in echt christlicher Barmherzigkeit begegnen, vollziehen wir eine Tat, die weit mehr ist als bloßes Mitgefühl und ein wenig Mildtätigkeit: Wir verwirklichen echtes Menschsein in der Welt, ja erschaffen in uns wahres Menschsein, führen also die Linie einer jahrmilliardenlangen Entwicklung weiter. In der Haltung der Barmherzigkeit erschafft der Mensch sich selbst in uns und durch uns. Barmherzig zu sein, und zwar nicht nur gelegentlich, wenn unser innerer Elan uns dazu bringt, sondern grundsätzlich, als verwirklichte Verfassung des Lebens, erfordert eine große Kraft der Loslösung vom Selbst. Diese läßt sich nur erwerben, wenn der Mensch sich hineinnehmen läßt in eine grundsätzliche Absichtslosigkeit. Zur Absichtslosigkeit gehören drei Wesenselemente, die uns Auskunft darüber geben, warum die Barmherzigkeit eine sehr schwere, ja herzzerreißende Haltung ist und warum das Menschsein gerade in ihr zu seiner Vollendung gelangt: die Armut, die Keuschheit und der Gehorsam. Wohlgemerkt: Wir wollen hier nicht von den besonderen Gelübden des Ordensstandes sprechen, sondern von jenen Tugenden des Herzens, zu denen ein jeder Christ, Ordenszugehöriger oder nicht, berufen ist.

Geistige Armut

Die Barmherzigkeit ist wesenhaft eine Armutshaltung. Sie geht mit einem leidenden Wesen eine Seinseinheit ein, öffnet sich dem Leid des anderen, nicht weil sie es tun muß, sondern weil sie vom fremden Leid innerlich ergriffen ist. Der Barmherzige ist nicht auf die eigene Sicherheit bedacht. Er bindet sich nicht an sich selbst. Er macht sich frei, um auf die fremde Not eingehen zu können. Er schafft in seinem Inneren einen Raum. In seinen eigenen Augen zählt er selber nicht mehr. Er macht sich radikal klein, sucht nicht den eigenen Vorteil, gibt sich ungeschützt und fraglos, verliert sich in den anderen hinein. Sein Leben ist ein Nachvollzug der Existenzweise des Erlösers, dessen Gesinnung im Philipperbrief folgendermaßen geschildert wird: »Seid gesinnt wie Christus Jesus. Er war in göttlicher Gestalt und wollte doch nicht gewaltsam an seiner Gottheit festhalten. Er gab sich vielmehr hin, nahm Knechtsgestalt an und war den Menschen gleich. In seiner ganzen Erscheinung als Mensch erfunden, entäußerte er sich.« Erst solche Gesinnung macht den Menschen personal und geistig schöpferisch. Ein solcher Mensch will die Welt nicht »beherrschen«. Er hält sich all dem gegenüber offen, was Gott auch immer ihm schickt: der Freude, dem Leid, der Belastung, der Erleichterung, der Vergangenheit und der Zukunft. Mit einem solchen Menschen kann Gott wirklich machen, was er will. Er hat sich »empfänglich« gemacht. Er hat erfahren, daß die Wirklichkeit in ihrem letzten Grund Gnade ist. Ja, er hat noch mehr erfahren: Er erkannte, daß selbst diese Haltung (daß er sich offenhalten kann, daß er in sich eine Leere, eine Armut schaffen kann) letztlich ein Geschenk ist.

Diese ganzheitliche Aufgeschlossenheit allen Ereignissen des Lebens gegenüber, seien sie beglückend oder unser Leben selbst verzehrend, verlangt Anstrengung, Sieg über die Trägheit, über die eigene Selbstzufriedenheit. Der Mensch muß auf die eigene Ruhe und auf den eigenen Frieden verzichten, sich selbst immer wieder entreißen. Diese Haltung heißt »geistige Armut«. Sie ist zugleich die »Empfängnisbereitschaft« der Welt in ihrem bewußten, geistigen Nachvollzug. In ihr verdichtet sich das große Harren des Universums auf das Geschenk der Herrlichkeit: »Das leuchtende Credo der Sonnen, das Gloria der Sterne, das Liebesgebet der blumenempfangenden Erde« (Gertrud von le Fort). Wer diese radikale Offenheit des Seins dem kranken und armseligen Geschöpf gegenüber menschlich, also herzhaft und freudig lebt, ist barmherzig.

Keuschheit

Die Barmherzigkeit ist genauso wesenhaft eine Haltung der Keuschheit. Die Tugend, die wir hier mit dem Ausdruck »Keuschheit« meinen, ist nicht eine negative Eigenschaft, Verkrampfung oder Leugnung des Lebens. Sie ist die reine Positivität des Seins: die Geradlinigkeit, der Schwung, der die Liebe fähig macht, wirklich zu lieben. Unrein, unkeusch wäre in dieser Sicht jenes Wesen, das sich im Egoismus »einrollt«, das sich selbst sucht, das nicht liebt. Die Reinheit verwirklicht sich in einem Menschen, in dessen Bewußtsein nicht das eigene Selbst steht, dessen Daseinsregungen von ihm »fortgehen«, in dessen Lebenszentrum die anderen stehen, der eine grundsätzliche Absichtslosigkeit und Offenheit des Daseins in die Tat umsetzt, der sich ganzheitlich »zusammennimmt« und sich restlos verschenkt, der nicht mehr auf sich selbst »zurückschaut«, sondern sich engagiert mit seiner gesamtpersonalen Wirklichkeit. Die Keuschheit der Existenz ist nichts anderes als die Hingabe des Menschen, der »ganz« ist, ganz im Dienen, ganz in der Aufrichtigkeit.

Eine solche Hingabe »zwingt« Gott geradezu, in die Welt einzutreten, sich der Welt zu schenken. Dies ist das Geheimnis von Mariä Verkündigung: »Als der Augenblick kam, da Gott

sich entschloß, die Menschwerdung vor unseren Augen zu verwirklichen, mußte er zuerst in der Welt eine Tugend erwek-
ken, die fähig war, ihn bis zu uns herabzuziehen ... Er schuf
die Jungfrau Maria, das heißt, er ließ auf der Erde eine so
große Reinheit entstehen, daß er sich in diese Durchsichtigkeit
verdichten konnte, bis er als kleines Kind erschien« (Pierre
Teilhard de Chardin). Die heilige Jungfrau war die Dichte des
Lebens. In ihr konzentrierte sich die Lebendigkeit des Alls.
Sie ließ das »Leben«, Christus, hervortreten, der uns und das
All hinüberführt in die letzte Lebensfülle. In Christus glühte
dann das Sein auf. Die Jünger haben dieses Glanz-Werden,
diese Intensität der Wirklichkeit, diese Metamorphose des
Seins in die Herrlichkeit auf erschütternde Weise erfahren:
»Da verwandelte sich sein Aussehen vor ihnen. Sein Angesicht
leuchtete wie die Sonne, seine Kleider wurden weiß wie das
Licht.« Eine Botschaft von reiner Lebendigkeit. Das ist keu-
sches Dasein, Transparenz der Eigentlichkeit. In einem keu-
schen Menschen müßte das Leben aufleuchten. Es müßte sich
in ihm jenes ereignen, wovon die Apostelgeschichte Zeugnis
ablegt, wenn sie vom Diakon Stephanus sagt: »Alle, die im
Rate saßen, blickten auf ihn und sahen, wie sein Antlitz dem
eines Engels glich.«
Echte Liebe sagt vorbehaltlos »ja« zum geliebten Du. So sehr,
daß sie es nicht »verbrauchen« möchte, daß sie nichts von
ihm verlangt. So geht die wirklich glühende Liebe in die reine
Bejahung des anderen Wesens über, das man, gerade weil man
es liebt, nicht als »Besitz« behandeln will. Dieses glühende
Dastehen der Liebe, dieses reine Schenken, diese vorbehalt-
lose Hingabe ist existentielle Keuschheit, die sich nicht nur
im Stand der Jungfräulichkeit, sondern auch in dem der Ehe
verwirklichen läßt. Sie ist eine Haltung der Rücksichtnahme
und der vornehmen Zurückhaltung, die selbst im geschlecht-
lichen Akt der leiblich vollzogenen geistigen Liebe enthalten
sein muß, wenn dieser zu seiner Vollendung gelangen will.

Wer diese durchgreifende Hingabebereitschaft allen Geschöpfen, also auch den Kranken, Leidenden und Siechen, entgegenbringt, ist barmherzig. Sie verbraucht einen Menschen bis zum Ende seiner Kräfte, zugleich hebt sie aber die Welt immer mehr dem Licht entgegen.

Gehorsam

Die Barmherzigkeit ist ihrem Wesen nach eine Gehorsamshaltung. Sie ist ein »Ja« zum Sein schlechthin, unter welcher Form — gesund oder krank, anregend oder langweilig, geisterweckend oder stumpf — es sich auch darstellen mag. Menschliches Sein ist erst dann frei im eigentlichen Sinn, wenn es nicht mehr sucht, was es selbst befriedigen könnte, sondern das, was anderen Glück und Vollendung bringt; wenn es so unabhängig wird, daß es sich nicht mehr an sich selbst klammert. Eine solche sich selbst überholende Freiheit verwirklicht sich im Gehorsam dem Sein gegenüber, darin, daß die Freiheit nichts anderes will als dienen, verfügt werden, das Herz verschenken, sich nicht aufdrängen, nicht mehr für sich selbst da sein. Eine solche Freiheit ist unmittelbare Liebe, ist Kraft des vom Guten berührten Herzens.

Es liegt eine große Zärtlichkeit zum Sein in dieser Freiheit. Etwas Absichtsloses. Sie ist reine Bereitschaft. Eine Bereitschaft, die nichts anderes ist als die Empfänglichkeit für das Neue. Sie zeigt an, daß eine Seele noch frisch ist, daß sie einer noch größeren Erfüllung entgegengehen kann, daß sie nichts hat, das die Ankunft des Größeren hindern könnte. Sie ist die Jugend des Geistes, das Frohe, das Umwandlungsfähige in ihm. Eine solche Freiheit sagt »ja« zu allem, was ist. In ihr öffnet sich das menschliche Wesen: Eine neue Weite entsteht, in welche Gottes Sein eintreten kann und worin eine zweite Schöpfung, die neue Schöpfung, beginnt.

Das ist das Wunder, das zu verkünden Jesu innigstes Anliegen war: das Wunder des Werdens einer neuen Welt. Nichts war so frei wie jene Liebe, mit der Christus den Willen des Vaters gesucht hat. Christus hat keine Lebenspläne erarbeitet, keine Programme verkündigt, sich nicht mit seinem eigenen Schicksal beschäftigt. Er war frei; dem Augenblick und den in diesem Augenblick sich offenbarenden Nöten der anderen gegenüber offen. Er ließ sich führen. Es verwirklichte sich in ihm, wovon der Psalm eine ferne Ahnung gibt: »Herr, mein Herz ist nicht stolz, und meine Augen vermessen sich nicht. Nein, bescheiden habe ich mich und meine Seele gestillt. Wie ein Kind auf der Mutter Schoß, ist meine Seele in mir.« Christus hat sich vollkommen in die Hände seiner Fügung, die nie ein anonymes Schicksal, sondern der Wille des Vaters war, hineingelegt.

Ein Mensch, der diese Haltung verwirklicht, sagt zu sich: Gehe Gott nach; er wird dich hinausführen aus deiner Enge, er wird dich so führen in Ewigkeit; du wirst ständig neu werden; deine Freiheit vollendet sich, wenn du sie deinem Gott schenkst; Himmel entsteht in der Welt nur, wenn du Gott in deinem Wesen Raum läßt. In der barmherzigen Liebe zur zerbrochenen Kreatur übt sich der Mensch in den größten Gehorsam ein, den man dem Sein gegenüber vollziehen kann. Er nimmt Gottes Willen hin, ganzheitlich; auch dort, wo dieser Wille sich in der scheinbaren Sinnlosigkeit und in der Überforderung offenbart.

Barmherzigkeit als radikales Ja zum Geschöpf

Die Barmherzigkeit ist der Höhepunkt menschlicher Eigentlichkeit. In ihr wird unser Wesen restlos »aufgebrochen«; es eröffnet sich auf eine unendliche Vollendung hin; auf eine Vollendung, die eine ständige Leere hervorruft, damit das menschliche Wesen noch mehr erfüllt werden könne (Armut). In ihr wird der Mensch offen, nur sich selbst schenkend und nichts, keine Gegenleistung erwartend, also ganzheitlich von sich selbst »weggehend« (Keuschheit). In ihr ist ein »Ja« enthalten zur Unendlichkeit, zur unendlichen, uns immer mehr erfüllenden und verfügenden Vollendung; sie ist ein Sichhineinbegeben in die Andersheit (Gehorsam).

Die Barmherzigkeit ist also nicht eine besondere Tugend, sondern die Zusammenfassung aller Herzenstugenden, aus denen sich der Himmel aufbaut. Und diese Tugenden sind wiederum auch nicht verschiedene Tugenden, sondern die eine Eigenschaft der Liebe. Einer Liebe, die Hingabe geworden ist und die in eben dieser Hingabe ihre restlose Erfüllung erlangt. In der Barmherzigkeit vernichtigt sich der Mensch, gibt er sein Wesen restlos hin, schenkt er es absichtslos jedem, der ihm entgegentritt. So vollendet sich menschliches Sein. (In diesem Sinne sind die evangelischen Forderungen der Armut, der Keuschheit und des Gehorsams für jeden Christen gültig und dulden keine Ausnahme.) Die Atmosphäre, der Raum des Seins um den christlichen Menschen, der seine Barmherzigkeit rückhaltlos darlebt, wird immer leuchtender und immer mehr von Gott »geladen«.

Das glühend verwirklichte Zeugnis der Barmherzigkeit führt eine Konzentration des Göttlichen in unserer Welt herbei. Eine unermeßliche Kraft ist in ihr verborgen, die Kraft der göttlichen Gegenwart in der Welt. Den barmherzigen Menschen hat die Welt gleichsam vorausgeschickt, damit er den Weg für die Menschheit bereite. Er nimmt das Leben der Welt mit sich in das atemraubende Abenteuer der Gottvereinigung. Er lotst die anderen nach sich. Eine gewaltige Verantwortung liegt auf ihm. Er gehört nicht mehr sich selbst, sondern der Menschheit. Er ist ein Geschenk Gottes an die Welt. Das menschliche »Ja« zum Geschöpf wird nirgends so radikal ausgesprochen wie in der Haltung der Barmherzigkeit.

Vollkommen kann aber die Barmherzigkeit nur sein, wenn sie in der Freude vollzogen wird. Je mehr wir einen gebrochenen

Menschen in seiner Gebrochenheit als Gottes Geschenk an uns hinnehmen, ihm helfen, sein Leid auszutragen, desto mehr wandeln wir die Erde in Himmel um, um so mehr geben wir der Welt die Möglichkeit, sich mit dem Glück, also mit Gott, zu vereinigen und zu erblühen zur Vollkommenheit. Der Mensch, dem Gott jemand schickt, dessen er sich erbarmen kann, ist wahrhaft glücklich zu preisen. Ihn hat Gott dazu auserwählt, der Forderung der restlosen Selbsthingabe nachzuleben und so das Menschsein in der Menschheit aufrechtzuerhalten, die Erde dem Himmel entgegenzuführen, der Lotse der Schöpfung zu sein.

CHRISTLICHE ERGEBENHEIT

Worin liegt die christliche Berufung eines kranken Menschen? Wir wollen die Antwort zunächst in einer ganz schlichten Form aussprechen: Der christliche Mensch hat die Aufgabe, die Finsternisse der Welt zu überwinden, das Licht, die Freude in die Welt einkehren zu lassen. Jeder Christ ist dazu berufen. Die Welt ist voll Dunkelheit, Düsterkeit, Verworrenheit und Lichtlosigkeit. Wenn ein Christ die Gnade Gottes erhält, diese Finsternisse in seinem Dasein sammeln zu können, so kann er seiner Auserwählung gewiß sein. Gott hat ihn dazu bestimmt, das Belastende, Dunkle und Schwere aus der Welt in sich zu sammeln und es hinüberzutragen in die Freude Gottes. Er hat die Aufgabe, seine Seele weit zu öffnen, alles Leid in sie hineinströmen zu lassen. Wenn er das tut, wird seine eigene Seele immer dunkler, die Welt um ihn aber klarer, ungetrübter. Wenn er sich dem Licht der Gottheit öffnet, verschwindet dieses Dunkle, seine Seele wird klar und strahlend. Indem er die Dunkelheit der Erde in sich sammelte und sein Dasein dem Lichte Christi öffnete, hat er die Welt glücklicher gemacht, hat er sie dem Himmel einen Schritt näher gebracht.

Wer das begriffen hat, dem müssen wir nichts, gar nichts mehr über das Geheimnis des Menschenleides sagen. Ein solcher Mensch dankt jedesmal dem Herrn, wenn er leiden darf. Er begreift, daß ihn Gott dazu erwählt hat, das zu ertragen, was die anderen nicht mehr zu tragen vermögen. Christlich kranke Menschen sind unsere Rettung: Sie schaffen uns die Möglichkeit, im Licht zu leben, uns der Freude hinzugeben. Jemand muß das Leid der Welt ertragen, damit die anderen es leichter haben. Wenn du es bist, dann danke alle Tage deinem Herrn, daß du leiden darfst, daß du an seinem Werk der Erlösung der Welt teilnehmen kannst. Leid ist eine Auserwählung. Gott möge uns gewähren, Leid erhalten zu dürfen und dazu seine Gnade, es christlich ertragen zu können.
Wir möchten nun diese erste Antwort in zwei Punkten entfalten.

Ergebenheit als Vergeistigung der Welt

Das menschliche Leben verläuft nicht auf einer Ebene. Es gibt verschiedene Schichten des einen Lebensweges. Auf der höheren Ebene herrschen andere Sinnzusammenhänge. Kierkegaard hat das in seinem Werk »Die Stadien auf dem Lebenswege« klar ausgesprochen. Der Mensch, der sein Leben »voranlebt«, kommt plötzlich zu einem Rand. Er sagt sich: Auf dieser Daseinsebene, in dieser Existenzordnung habe ich mich »ausgelebt«. Wenn sich mein Leben jetzt nicht radikal ändert, verkümmert meine Eigentlichkeit. Ich muß den Sprung ins Dunkle, ins Noch-nicht-Erprobte wagen. Erst dunkel, dann aber immer deutlicher und dringlicher wird der Mensch inne, daß es etwas Höheres für ihn gibt, das nicht durch Annäherung und Übergang, sondern nur durch Wahl und Sprung erreicht werden kann.
Das wahrhaft gelebte menschliche Dasein gliedert sich also nach existentiellen Ebenen und nach Wagnissen, die vor jeder

Ebene liegen. Augustinus wurde zum Beispiel durch den Tod eines jungen Freundes zum entscheidenden Sprung seines Lebens gezwungen. Buddha erfuhr in einem Moment der geistigen Hellsichtigkeit das Leid der Welt; er stand auf und ging, wie berichtet wird, »in die Heimatlosigkeit hinaus«. Pascal wurde durch ein mystisches Erlebnis, von dem sein »Memorial« Kunde gibt, zum Vollzug seines großen Lebenswagnisses veranlaßt. Oft ist es eine Krankheit oder der Zusammenbruch eines Lebenswerkes oder auch der Weggang eines geliebten Menschen, die uns den entscheidenden Anstoß zum »Sprung ins Dunkle« geben. Würden wir nie solche Erfahrungen der leibseelischen Krisenzeit durchmachen, so würde unser Leben versumpfen. Wenn ein Schmerz, eine Erschütterung, ein Leid uns dazu zwingen, auf eine höhere Ebene der Existenz zu gelangen, dann müssen wir von ihnen sagen, daß sie im Dienst des Lebens standen. Das kann auch irgendwie von der Sünde gelten. Angesichts der Sünder, die zu Heiligen geworden sind, angesichts eines Augustinus oder einer Magdalena oder einer Lidwina zögern wir keinen Augenblick zu sagen: »felix culpa«, glückbringende Sünde. Nicht weil die Sünde an sich keine Sünde mehr wäre, sondern weil dieser Mensch es verstand, sie gleichsam als Sprungbrett zu benützen, um den Sprung in Gott hinein zu wagen.
Teilhard de Chardin, ein Mensch, der aus eigener Erfahrung viel und tief um die Not, die Krankheit, die Erfolglosigkeit und den leibseelischen Zusammenbruch wußte, hat dem Buch der Aufzeichnungen seiner Schwester, die ein Leben hindurch schwer krank dalag, eine Einführung vorangeschickt. Darin heißt es: »Margarethe, meine Schwester! Während ich, den positiven Kräften des Weltalls hingegeben, die Kontinente und die Meere durchquerte und leidenschaftlich damit beschäftigt war, alle Farben und Schönheiten der Erde zu sehen, lagst du da, bewegungslos hingestreckt, und verwandeltest im Innersten deines Wesens die schlimmsten Finsternisse der Welt

in Licht. In den Augen Gottes, unseres Schöpfers — sage mir —, wer von uns beiden hatte den besseren Teil?«

Halten wir fest, daß das menschliche Leben nur »vorankommt«, das heißt an Höhe gewinnt, wenn es aus seinem schon erreichten Zustand durch Leid und Not hinausgedrängt wird und das Wagnis vollzieht, aus seiner Kleinheit hinauszubrechen. Um wirklich leben zu können, muß man einmal am Leben verzweifelt gewesen sein. Behüte uns Gott vor jenen Menschen, denen im Leben alles gelang, die nie ihre Verzweiflung in die Welt hinausschreien mußten, die die vordergründige Sinnlosigkeit und Bedrohtheit des menschlichen Lebens nie in einer bis ans Letzte greifenden Krankheit erfahren haben, die nie inständig den Herrn im Gebet bestürmt haben, er möge sie endlich von ihrem Leid durch den Tod erlösen und hinübernehmen in den Himmel! Solche Menschen haben die Sehnsucht aller Sehnsüchte nicht erfahren, tragen den Drang des Weltalls nicht in sich, haben die Seligkeit jenes Hilfeschreies nie erlebt, die in den letzten Worten der Heiligen Schrift liegt: »Komme bald, Herr Jesus.« Welche Hoffnung hätte unsere Welt noch, wenn sie diesen Ruf nach ewiger Vollendung durch keinen menschlichen Mund mehr aussprechen könnte?

Ergebenheit als Sichverlorengeben

Es gibt aber menschliches Leid — vor allem der Tod ist ein solches —, in dem der Mensch ganz zusammenbricht, in dem er nichts mehr erleben kann, keine Sehnsucht und keine Hoffnung. Die äußerste Grenze des existentiell Erlebbaren ist erreicht. Der Mensch kann nicht mehr weiter. Er möchte, daß man ihn vernichte, daß er nicht mehr sei, daß sich seiner niemand mehr erinnere. Er kann sein Schicksal nicht mehr bewältigen. Er schreit heraus: »Mein Gott, warum hast du mich verlassen?«

Gibt es da noch eine Antwort? Ja: Gott ist der Ganz-Andere.
Und der Ganz-Andere beginnt dort, wo wir aufhören. Ihm
können wir immer nur am Ende unserer Kräfte begegnen; in
dem, was vor der Welt töricht, für das Gefühl unerträglich,
für den Verstand sinnlos ist. Bis dahin konnte der Mensch
Gott mit einem anderen »verwechseln«, mit seinen Wünschen,
mit seinem Lebensgefühl, mit seiner Freude am Sein. Aber
dort, wo nichts mehr vom Menschen übrigbleibt, steht Gott
in seiner reinen Gestalt da. Der Mensch kann endlich »hinein-
sterben« in Gott. Er kann sagen: Ich habe nichts mehr, ich
habe keine Antwort, keine Erklärung. Mache aus mir, was du
willst. Wenn du es willst, dann vernichte mich; dein Wille
geschehe. Ich will nichts mehr, kann nichts mehr wollen.
Was ist das nun, diese letzte Ohnmacht der Kreatur? Sie ist
die Erfahrung, daß das Eigentliche alles übersteigt, alle Ahnungen und alle Kräfte. In dieser letzten Verzweiflung an sich
selbst öffnet sich die Welt radikal zu Gott hin. Und Gott kann
sie ganz erfüllen: aus reiner Barmherzigkeit. Man kann Gott
nicht zwingen. Niemand hat ein Recht auf seine Gnade. Dennoch »zwang« Gott sich selbst: Er ließ uns in die restlose Ent-
kräftung eintreten, damit wir uns unheilbar verloren fühlen.
Diese Verlorenheit erweckt nun Gottes alles übersteigende
Barmherzigkeit, und er schenkt sich grenzenlos. Niemand
kann der endlosen Barmherzigkeit Gottes so sicher sein, wie
der, der sich als endlos verlassen und ohne Rettung erfahren
hat, der ans Kreuz genagelt wurde. Das Kreuz ist der Weg in
das schlechthin Andere, in das vom Menschen nicht mehr
Einzufordernde.
Wir sollten uns hüten, dem leidenden Menschen diese kostbare Gabe Gottes durch unser Geschwätz wegzunehmen, ihn
mit unseren vordergründigen Argumenten von der totalen
Verzweiflung an sich selbst abzuhalten. Das würde dazu führen, daß niemand mehr in der Welt die Andersheit Gottes
erlebt und damit niemand mehr die totale Gabe Gottes emp-

fangen kann. Der Mensch muß einmal in seinem Leben, oder wenigstens in seinem Tod, jene Verohnmächtigung erfahren haben, die Peter Lippert folgendermaßen ausgedrückt hat: »Du hast Meere des Schmerzes erschaffen ... und ich kann nicht sehen, wieso sie notwendig waren, um deine Welt zu erhalten. Du bist über das Leid aller Einzelwesen hinweggeschritten in der Erfüllung deines Weltplans, so wie du über das Leben der einzelnen hinwegschreitest. Du hattest deine Gründe, die Meere des Leides zu erschaffen, und du hast es getan. Du wandelst über diesen Meeren, die aus Tränen gebildet sind. Und zuweilen schlagen diese Meere in Sturmfluten bis an deinen Himmel ... Herr, alles außer dir ist in Leid getaucht. Du lässest das Meer des Schmerzes bis an die Stufen deines Thrones, bis zu deiner erhabenen Majestät heranbranden, und alles, was von dir ausgeht, tritt ohne weiteres in diese dunklen, heißkochenden Fluten. Du selbst, als du in die Welt hinabsteigen wolltest, hast in dieses Meer des Leids untertauchen müssen, das dich umgibt. Herr, du hast den Schmerz erschaffen. Es gibt Menschen, die alles wissen, die auch deine großen Gedanken und Ratschlüsse durchdringen und fein säuberlich sich zurechtlegen. Sie erklären und beweisen mir, daß es gerade so sein muß und so am besten ist, wie es ist. Aber ich mag sie nicht, diese Alles-Erklärer, die sich rechtfertigen und herausreden bei allem, was du tust. Ich gestehe lieber, daß ich dich nicht verstehe. Daß ich nicht begreife, warum du den Schmerz, warum du so viel Schmerz, so brüllenden, wahnsinnigen und sinnlosen Schmerz geschaffen hast. Ich neige mich tief vor deiner Herrlichkeit, ja! Aber ich wage jetzt nicht, meine Augen zu dir zu erheben. Es ist zu viel Betrübnis und Weinen in meinen Augen. So kann ich dich nicht ansehen.«

Bis zu diesem Unerträglichsten muß jede gläubige Existenz kommen, wenn sie Anteil haben will am Ganz-Anderen. Erst darin öffnet sich die Welt, vollzieht sich radikaler Überstieg, in dem sich eine neue Welt erschafft, nicht aus Menschenkraft, sondern aus der Ohnmacht des Kreuzes, die die Kraft Gottes zu sich zieht. »Dieser herzzerreißende Ausbruch aus allen Bezirken der Erfahrung ist nur die Vergeistigung jenes Gesetzes, das alles Leben beherrscht. Zu den Gipfeln, die für unser menschliches Auge vom Nebel verhüllt sind und zu denen das Kreuz uns einlädt, steigen wir auf einem Pfad hinan, der auch die Bahn des universalen Fortschritts ist. Die königliche Bahn des Kreuzes ist ja der Weg der menschlichen Anstrengung, der auf übernatürliche Art ausgerichtet und verlängert wird ... Das Kreuz ist daher nicht etwas Unmenschliches, sondern etwas Übermenschliches. Wir begreifen, daß es seit dem Ursprung der heutigen Menschheit am Weg, der zu den höchsten Gipfeln der Schöpfung führt, aufgerichtet war« (Pierre Teilhard de Chardin).

Die Sinnlosigkeit eines in den Schmerz hineingetauchten Lebens herausstellen und dennoch einen Sinn in diesem Leben sehen — das ist die christliche Antwort auf das Leid der Welt. In einem Satz ausgesagt: Du mußt dich ganzheitlich verlieren, und dann gibt dir Gott aus reiner Barmherzigkeit etwas, was er dir sonst nie gegeben hätte. Seine übergroße Gnade besteht darin, daß er dich auf jeden Fall in die Möglichkeit versetzt, daß du an dir selbst ganzheitlich verzweifeln kannst: im Tod. Wir werden diese letzten Einsichten über die Welt des Leides noch mehr vertiefen müssen. Wir wollen uns in den nächsten Betrachtungen jener Dimension des Schmerzes zuwenden, die nicht nur den Leib, sondern die Seele ergreift, die also nicht nur Schmerz und Krankheit ist, sondern im strengsten Sinne des Wortes »Leid«.

Betrachtungen über das Leid

In der vorigen Betrachtung war vornehmlich von der leiblichen Not die Rede. Jetzt möchten wir über das eigentliche Leid, über unser seelisches Elend sprechen. Der Grundsatz christlicher Bewältigung des Übels bleibt auch hier der gleiche: Wir sollen den anderen alles ersparen, was ihnen Leid verursachen könnte; anderseits sollen wir die Not der Menschheit, wenn sie an uns herantritt, auf uns nehmen, sie austragen, damit sie weniger wird, aus der Menschheit verschwindet, damit unsere Welt in Himmel umgeformt wird. Christus hat die Wurzel unseres seelischen Leides sehr gut erkannt. In drei Ereignissen hat er uns einen Weg gewiesen, hat uns gezeigt, wie wir unsere inneren Finsternisse überwinden und uns zu seinem Licht durchringen können. Über drei Wunder Jesu möchten wir hier berichten. Wunder sind ja Symbole einer tieferen, geistigen Wirklichkeit. Augustinus sagt: »Was unser Herr Jesus Christus leiblich vollzog, das wollte er geistig verstanden wissen. Denn er tat nie Wunder um des Wunders willen.« Und wieder: »Er (der Hauptmann) kam, um die leibliche Genesung seines Knechtes zu erbitten, und als er fortging, hatte er selbst das Reich Gottes empfangen.«

AUS DER VERSCHLOSSENHEIT ZUR SELBSTLOSIGKEIT

Über das erste Ereignis berichtet das Evangelium: »Da brachte man ihm einen Taubstummen und flehte ihn an, er möge ihm die Hand auflegen. Er nahm ihn abseits vom Volke, legte ihm seine Finger in die Ohren und berührte seine Zunge mit

Speichel. Dann blickte er gegen den Himmel, seufzte auf und sprach zu ihm: ›Effeta‹, das bedeutet: ›Tue dich auf!‹ Sogleich öffneten sich seine Ohren, und das Band seiner Zunge löste sich. Er konnte richtig reden ... Die Leute konnten sich gar nicht fassen vor Staunen und sagten: ›Er hat alles gut gemacht. Die Tauben macht er hören und die Stummen reden.‹« Christus hat diesem Menschen zunächst leiblich geholfen, aber darüber hinaus einen Weg aus dem seelischen Leid gewiesen. Er hat ihm gesagt: »Tue dich auf.«

Verkümmerung in der Ichverschlossenheit

An den Wurzeln all unserer inneren Verkümmerung liegt eine existentielle Verschlossenheit, eine Kälte, eine Fremdheit. Augustinus spricht über diese Verfassung menschlicher Existenz in seinen Psalmkommentaren folgendermaßen: »Jeder Mensch ist in diesem Leben ein Fremdling ... Jeder trägt sein eigenes Herz, und jegliches Herz ist jeglichem Herzen verschlossen.« Der Mensch lebt in seiner eigenen Gefangenschaft. Die Krankheit, daß einer nicht hören und nicht sprechen kann, ist nur ein schwaches Gleichnis eines unsagbaren Seelenleides. Ein Eispanzer hüllt uns alle gleichsam ein. Mit Ketten sind wir an uns selbst gefesselt. Die erste, unmittelbare Reaktion des menschlichen Herzens ist Abwehr, Abstandnahme, Mißtrauen. Verharrt der Mensch in diesem seinem natürlichen Zustand, so wird er des Glückes unfähig. Er kann nicht von den Schönheiten der Erde angesprochen werden, hört nicht mehr auf die Stimmen des Alls, auf den Zuspruch der Menschen, auf die flehende Bitte der Leidenden. Nicht einmal Gott vermag zu ihm zu sprechen. Denn die Sprache vollendet sich erst in dem, der sie aufnimmt, der sie versteht, der sich ihr öffnet.

Bereicherung in der Offenheit für das Seiende

Existentiell auf die anderen »hören« heißt unseren Egoismus sprengen, uns von uns selbst wegwenden, absichtslos für die anderen Menschen »da« sein. Eine restlose Offenheit für das Sein verbraucht unser Wesen mehr, als man es zunächst meinen würde, denn wir leben in einer leidvollen Welt. In dieser Welt auf andere hören, still, verständnisvoll »mit ihnen« sein, ihr Wesen in uns hereinströmen lassen, das alles heißt zugleich: ihre Verworrenheit, ihre Dunkelheit und ihre Last auf uns nehmen. Existentiell zu den anderen »reden«, bedeutet in unserer Welt: hingehen zu den Mitmenschen, zu ihrer Kleinheit, zu ihrer Lächerlichkeit; ihnen etwas sagen, das nicht uns, sondern ihnen nützt; andere mit unserem ganzen Wesen bejahen. In solchem »Hören« und »Reden« kann sich der Mensch restlos verbrauchen. Aber Gott hat uns nicht erschaffen, damit wir aus uns selbst Nutzen ziehen, sondern damit wir mit uns selbst etwas anfangen.

Im Grunde haben wir in unserer Welt nur eine einzige Aufgabe: unserem Nächsten eine hilfreiche Hand zu bieten, sein Schicksal auf uns zu nehmen, in die Not des andern einzusteigen, das fremde Leid auszutragen und so das Leid der anderen zu überwinden. Tun wir das, so werden wir es sehr schwer haben in der Welt. Aber wir werden glücklich sein. Wir werden, selbst wenn unsere Nerven verbraucht sind, ganz durchgängig für das Andere. Unser Wesen wird wie eine unsichtbare Leiter sein, die den Wesenheiten der Welt, den Engeln, dazu dient auf- und abzusteigen, die Welt hinaufzutragen zu Gott und Gott herunterzutragen zur Welt. Es wird sich in unserem Dasein jenes ereignen, wofür wir in der heiligen Eucharistiefeier beten: »Demütig bitten wir dich, allmächtiger Gott, dein heiliger Engel möge dieses Opfer zu deinem himmlischen Altar emportragen, vor das Angesicht deiner göttlichen Majestät.« In einem restlos Gott und den Menschen offenen Herzen (was im Grunde das gleiche bedeutet) fallen Himmel und Erde zusammen.

Gastfreundschaft, Zeichen des offenen Herzens

In diesem Zusammenhang kommt einer Urtugend menschlichen Herzens, der »Gastfreundschaft«, eine ganz besondere Bedeutung zu. Sie ist das konkret dargelebte Zeichen dafür, daß ein Mensch offen ist für das andere Sein. Es heißt von Abraham, von diesem Urbild der menschlichen Eigentlichkeit: »Er erhob seine Augen, und siehe, drei Männer standen vor ihm, der zur heißen Tageszeit am Eingang seines Zeltes saß. Da er sie sah, lief er ihnen entgegen, neigte sich bis zur Erde und sprach: ›Herr, habe ich Gnade vor deinen Augen gefunden, so gehe nicht vorüber. Erlaubt, daß man ein wenig Wasser bringe, um euch die Füße zu waschen, ruht unter diesem Baume aus, ich will einen Bissen Brot holen; daß ihr euer Herz stärket, darnach möget ihr weiterziehen.‹« Und dieser Besuch war, wie es sich nachher herausstellte, der Besuch Gottes selbst.

Gott kommt unaufhörlich zu uns. Sein Besuch vollzieht sich aber immer unter der Gestalt einer geschöpflichen Begegnung: Bei Abraham sind drei Männer eingekehrt, bei der Jungfrau der Engel Gabriel, bei den Frühchristen die Apostel, und vielfach ist es bei uns nur ein leises, schüchternes Klopfen: »Ich bin es, der vor der Türe steht und klopft. Wenn jemand meine Stimme hört und die Türe öffnet, werde ich bei ihm eintreten und Mahl mit ihm halten und er mit mir.« »Wenn wir wollen, daß uns dereinst der wahre Gastgeber, der Gastgeber im wahren Zuhause aufnimmt, wenn wir anklopfen — er hat uns selber gesagt, was wir dafür tun müssen. Er hat uns gesagt, daß wir in diesem Leben bereit sein müssen, unsere Tür dem Gast zu öffnen, der zu uns kommt. Und so sehen wir, welche Würde der Gastfreundschaft zukommt: ist sie doch von Jesus

selbst zum Prüfstein gemacht worden, nach dem wir am Jüng-
sten Tag gerichtet werden, und zum Schlüssel des verlorenen
Paradieses« (Jean Daniélou).

Das »Klopfen Gottes« steht hier symbolisch für eine umfas-
sendere Wirklichkeit: Das Glück steht uns nur offen, wenn
wir die Türe unseres Herzens offenhalten, wenn wir zu hören
und zu antworten bereit sind, wenn wir uns nicht verriegeln.
Dies ist eine der grundsätzlichsten Forderungen des Christentums und die wesentlichste Antwort Christi auf das seelische
Leid. Diese Antwort heißt schlicht: Halte dich bereit, gib
Raum für die anderen in deinem Sein, sag endlich etwas Gutes
zu deinem Mitmenschen (wie ungeschickt und unbeholfen
du das tust, spielt dabei gar keine Rolle), dann wird das Glück
einmal bei dir einkehren.

Aus dem Verdruss zur Dankbarkeit

Über das zweite Ereignis lesen wir im Evangelium: »Beim Eingang eines Marktfleckens kamen zehn Aussätzige ihm entgegen. Sie blieben ferne stehen und riefen: ›Jesus, Herr, erbarme
dich unser!‹ Bei ihrem Anblick sprach er zu ihnen: ›Gehet
hin und zeiget euch den Priestern!‹ Während sie hingingen,
wurden sie rein. Als aber einer von ihnen sah, daß er rein
geworden war, kehrte er um und lobte Gott mit lauter Stimme.
Er fiel Jesus zu Füßen auf sein Angesicht und dankte ihm ...
Jesus fragte: ›Wo sind die übrigen neun?‹«
Die Not der zehn traf Christus unmittelbar ins Herz. Er
wollte ihnen helfen, aber so, daß diese Hilfe nicht nur ihren
Leib, sondern auch ihr ganzes Wesen umforme. Bei einem
einzigen gelang es ihm. Das zeigt, wie schwer es ist, was
Christus hier von uns fordert: die Dankbarkeit.

Bitternis des Verdrusses

Diese Menschen wurden von einer sehr schweren Krankheit geheilt, vom Aussatz. Im Orient betrachtete man damals die Aussätzigen als unrein. Sie wurden aus der menschlichen Gemeinschaft, ja aus der eigenen Familie ausgestoßen. Die wunderbare Heilung bedeutete für sie: Geborgenheit, neues Leben, Familie, Liebe, ja noch mehr, die eigene Liebenswürdigkeit. Wir haben hier gleichsam mit »berufsmäßigen Unglücklichen« zu tun, mit Unglücklichen, die meinen, ein Recht auf Mitleid und Rücksicht zu haben. Sie sind anspruchsvoll, rechtend, klagend, fordernd und anklagend. Ihr Leben ist nur Bitternis, Klage, Protest und Forderung. Ihre Krankheit ist ein Zeichen ihrer tieferen, geistigen Verfassung: Ihr Menschsein fällt stückweise von ihnen ab.

Diesen Menschen ruft Christus hier zeichenhaft zu: Wenn du glücklich sein willst, sei dankbar, sei ein Mensch, der die Dinge, die Geschenke, die Liebe, die Freundschaft und überhaupt das Leben nicht selbstverständlich hinnimmt. Das Leben selbst verkümmert in dir, wenn du es nur für dich selbst behalten willst; wenn du nichts verschenkst. Der Mensch, der Dank sagen kann, bekennt, daß er in sich selbst klein ist, daß er seine Eigentlichkeit als Gnade erhält, und gerade darin bekundet er, daß er mehr ist als er selbst, daß sein Sein Gnade ist.

Befreiung in der Dankbarkeit

Erst in der Dankbarkeit wird der Mensch wirklich erlöst: erlöst von sich selbst. Er ist nicht mehr eingesperrt in sein kleines Ich. So ruft Gott uns zu: Sei nicht in dich selbst, in dein erbärmliches Wesen verliebt; wenn du dich selbst sehen würdest, hättest du Ekel vor dir selbst; sei nicht verkrampft; ich will nicht, daß du dich abhärmst, daß dir ständig der Schädel brummt; du sollst dich nicht immer mit dir selbst beschäftigen. So sehr ist der Mensch Gnade, daß er selbst dafür, daß er danken kann, danken muß. Erst in einer solchen bis zum Grunde des Seins gehenden Dankbarkeit entsteht echte Bejahung, restlose Hinwendung zum anderen, zum kleinsten, selbstverständlichsten Ding.

Aus dieser Haltung erwächst eine Demut gegenüber jeglicher Kreatur. Die Welt wird für uns zur Schwester. Die Dankbarkeit versöhnt den Menschen mit dem All. Es wird von uns eine universale Brüderlichkeit, Friedfertigkeit und Sympathie gefordert, eine Haltung, aus der die neue Zukunft entstehen wird. Die christliche Dankbarkeit dem Sein gegenüber soll die in der Tiefe der menschlichen Seele schlummernden Kräfte der Sympathie »entfesseln«, woraus sich die neue Phase der Weltentwicklung ergibt. Dem dankbaren Menschen tun wirklich alle Dinge wohl. Er gelangt zu einer lebendigen, wachstumsfreudigen und empfänglichen Lebenshaltung. Erst wenn der Mensch sich selbst schenkt, anderen selbstlos hilft, sie heilt, andere lebendig macht, wird er selbst lebendig. Im Schenken wird man zum Empfangenden. Darum ist das Empfangen der Höhepunkt des Lebens. Das Eigentliche kann man nicht »leisten«, man kann es nicht fordern, man kann es nicht verdienen. Man kann es nur »über sich ergehen lassen«.

Das wahre Problem liegt darin, sich in eine solche Verfassung zu bringen, daß man darauf hoffen kann, Gott zu finden, und diese Verfassung ist allein: Sei offen, sei dankbar, geh aus deinem eigenen Selbst hinaus. Ein Mensch, der Mensch sein will, geht über sich hinaus. Der Mensch ohne »Transzendenz«, ohne »Hinausgehen-aus-sich-selbst« wird entmenschlicht. Wir sollten uns vor uns selbst hüten. Daß wir das Eigentliche nicht erreichen können, ist unsere Seligkeit. Daß wir in der Suche nach ihm scheitern, ist unser Erfolg. Selbst unsere Suche nach Gott müssen wir in Dankbarkeit als Gnade aus Gottes Händen entgegennehmen und bedenken, daß die

Suche nach ihm stets bedeutet, daß er uns sucht. Und oft läßt er sich finden durch einen, der ihn nicht suchte. Wer nichts in Dankbarkeit entgegennimmt, erhält nichts. Die neun geheilten Aussätzigen wurden im tiefsten Wesen ihres Seins nicht geheilt. Sie blieben »ausgesetzt«. Nur der eine, der zurückkam, fand Erfüllung: in der Dankbarkeit. Ein Recht haben wir nur auf das, was wir in Dankbarkeit erhalten können, also darauf, worauf wir im Grunde kein Recht haben.

AUS DER VERLORENHEIT ZUR FREUDE

Das dritte Ereignis hat uns das Lukasevangelium aufgezeichnet: »In jener Zeit ging Jesus in eine Stadt namens Naim. Seine Jünger und viel Volk begleiteten ihn. Als er nahe an das Stadttor herankam, trug man einen Toten heraus, den einzigen Sohn seiner Mutter, die Witwe war. Viel Volk aus der Stadt ging mit ihr. Als der Herr sie sah, ward er von Mitleid gerührt und sprach zu ihr: ›Weine nicht!‹ Dann trat er hinzu, rührte die Bahre an, die Träger standen still, und er sprach: Jüngling, ich sage dir, stehe auf.‹ Und sogleich richtete sich der Tote auf und fing an zu sprechen. Jesus gab ihn seiner Mutter zurück.«
Hier hat der Herr eine Mutter von ihrer Verzweiflung befreit. Er gab ihr alles zurück, was sie verloren hatte.

Christus, das »Ja« unseres Wesens

Damit bewies er, daß er, Christus, »die« Antwort, das »Ja« unseres Wesens ist. Wenn wir meinen, unser Leben sei vollkommen zerbrochen, ohne Hoffnung, daß wir gar nichts mehr haben, woran wir festhalten können, dann sollen wir uns sagen: Christus wird uns einmal alles zurückgeben. Wir sollen keine Freude fordern, sondern sie spenden, in die Welt Glück hineinstrahlen. Selbst wenn wir menschlich ausgebrannt sind, haben wir die Aufgabe, weiterzubrennen und anderen Freude zu spenden. Die Freude kann das schwerste Kreuz eines Christenlebens sein. Sie ist vielleicht das mühsamste Zeugnis des Göttlichen. Es gibt keine »zerstampfte Ernte«, alle Hoffnungen werden erfüllt. Nur wenn wir Gott zurückweisen, entsteht in unserem Leben eine immerklaffende Lücke. Erst dann bleibt unser Platz auf dem Throne Gottes für ewig »unbesetzt«. Selbst unsere Sünde, unser schwerster Verlust, kann gutgemacht werden. Gott kann uns sagen: Meinen ersten Gedanken mit dir hast du vereitelt. Nun habe ich einen neuen Gedanken mit dir; ich rufe dich zu einem neuen Leben.

Aufbruch zur Freude

Was in unserem Dasein gewöhnlich herrscht, ist Trägheit, Leere, Vertrocknung und Hoffnungslosigkeit. Diesem Leben kann Gott sagen: »Stehe auf!« Und dann haben wir aufzustehen. Dann müssen wir aus den dunklen Tälern unserer Vergänglichkeit wieder aufbrechen. So wie sich das Leben des Propheten Elias vollzog, der einen schrecklichen Kampf durchzufechten hatte: Gott berührt ihn, und dann gelingt ihm alles, in reiner Leichtigkeit; hierauf liegt er wieder da, im Wüstensand, wie ein erschöpftes Tier, bis ihm Gott erneut einen Engel schickt, der ihn wieder über Menschenkraft hinaushebt. So geht es weiter, bis der Mensch sich ganz verbraucht hat und hinausgeht in die letzte Trockenheit und Verlassenheit. Und dann kommt die Erlösung. Elias nimmt noch einen Freund mit sich. Während sie, ins Gespräch vertieft, in die Wüste eindringen, kommt ein Feuerwagen und trennt sie voneinander. Elias wird von einem Feuersturm weggerissen. Nur sein Prophetenmantel bleibt im Wüstensand liegen. Noch Größeres vollzog sich im Leben der heiligen Jungfrau: »Wie bei uns, wie bei allen Kindern dieser Erde war ihr Leben ein ruheloses Werden und Vergehen. Es fing irgendwo an in einem Winkel Palästinas, still und unbekannt, und bald wieder war es leise erloschen, und die Welt wußte es nicht. Zwischendrin war es erfüllt mit dem ruhelosen Wechsel, der auch unser Leben ausmacht, mit der Gewöhnlichkeit der Kinder Evas, die da ist: Sorge ums Brot, viel Leid und Tränen und ein paar kleine Freuden. So waren auch ihr die Stunden zugemessen: einige des tiefsten Glücks in Gott, ihrem Heiland, viele alltägliche und gewöhnliche, von denen eine sich träge und matt und scheinbar so leer und schal an die andere reiht, Stunden des großen Leides. Aber schließlich waren alle vergangen, die erhabenen und die alltäglichen, und alle mochten einem unbedeutend erscheinen, da sie so vergehen konnten« (Karl Rahner). Was sich am Ende dieses Lebens vollzog, ist schier unbegreiflich: Es wurde einfach in die Ewigkeit hinübergenommen. Ohne Reue, ohne irgendeinen Augenblick ihres Daseins verleugnen zu müssen, ging sie hinüber in das ewige Haus ihrer Herrlichkeit. Früher oder später kann das mit uns allen geschehen. Also Mensch: Stehe auf, bleib nicht da liegen in der Wüste deiner eigenen Verlorenheit. Nichts macht deinen Herrn so traurig, ja seelenwund, als ein Christ, der nicht in der Freude lebt.

Christus hat unsere existentielle Verschlossenheit aufgebrochen und machte so Selbstlosigkeit, Dankbarkeit und Freude möglich. Aus diesen Haltungen entsteht menschliches Glück. Zugleich steigt in ihnen die Welt aus ihrem Dunkel dem Licht entgegen.

Nun möchten wir in einigen Andeutungen darlegen, nach welchem existentiellen Grundgesetz, durch welchen Daseinsvollzug sich diese wesenhafte Freude in uns ereignet, auf welchem Weg wir also zur Selbstlosigkeit, Dankbarkeit und Freude gelangen können. Im Zentrum der Botschaft Jesu Christi steht der Grundsatz menschlicher Wesentlichkeit: »Wer sich gewinnen will, muß sich verlieren.« Es gibt keinen anderen Weg zum Glück, keine andere Möglichkeit der Überwindung des Leides, als dieses Grundgesetz der »neuen Schöpfung« in unserem Leben radikal zu verwirklichen.

GRUNDGESETZ MENSCHLICHEN GLÜCKS

Das Eigentliche läßt sich nicht erobern, sondern nur in der Hingabe als Geschenk erhalten, in einer Hingabe, die keinen Vorteil sucht und keine Absicht verfolgt. Die grundsätzliche Verweigerung einer solchen Hingabe bedeutet deshalb Selbstverkümmerung. Ich werde wesenhaft »ich selbst«, indem ich mich aufgebe. Vollendung geschieht im Verzicht. Das ist der Weg, auf dem wir aus unserem leiderfüllten Dasein hinauskommen können. Wir wollen jetzt in einigen Punkten nachweisen, wie dieses Grundgesetz die ganze Struktur der menschlichen Person beherrscht, daß es geradezu als die wesenhafte Voraussetzung der menschlichen »Menschwerdung« betrachtet werden muß.

Hingabe als Selbstfindung

Bereits das Erwachen zu sich selbst fordert, daß wir unser »In-uns-Sein« sprengen und hineingehen in die Andersartigkeit. Zum Ich gelangt das Bewußtsein durch ein Nicht-Ich. Wir müssen uns aus unserer Subjektivität in die Welt des Gegenstandes begeben. Erst dann, gerade wenn wir von uns »weggehen«, erkennen wir, daß wir »wir« sind. Der Mensch vermag seine Innerlichkeit nur zu erleben, indem er ein Äußeres in seine Innerlichkeit aufnimmt. Bereits auf dieser ersten, niedrigsten Stufe der »Menschwerdung« gilt also uneingeschränkt der Grundsatz: »Wer sich gewinnen will, muß sich verlieren.«

Wenn wir die menschliche Erkenntnisfunktion untersuchen, finden wir, daß Erkenntnis sich nur vollziehen kann, wenn der Mensch darauf verzichtet, die eigene Subjektivität zu betonen. Um zu erkennen, muß der Mensch sich gleichsam »ausklammern«, muß auf die von ihm unabhängige Wahrheit der Dinge hineinhorchen, eine irdische »Andächtigkeit« verwirklichen. Das Erkennen muß von einer bedingungslosen Suche nach Wahrheit beherrscht werden. Der Geist soll in einer hingebenden und selbstverzichtenden Haltung die Wirklichkeit selbst aufsuchen. Das Gefundene, das vom Subjekt Unabhängige, ist der letzte Maßstab aller Erkenntnisse. Der Mensch muß sehr kritisch, ja mißtrauisch werden sich selbst gegenüber. Die erkennende Einstellung des Menschen soll von keinem »Ungefähr« beherrscht werden. Der Wahrheit kann nur in einer äußersten Konzentration auf die Wirklichkeit und unter Ausschaltung der subjektiven Einflüsse begegnet werden. Durch die erkennende Haltung, durch die gelebte Objektivität wird der Mensch der Willkür und der Eigenwilligkeit entzogen. Dem Erkennen liegt eine unpathetische Sachdisziplin inne. Nüchterne Klarheit, Blick auf das Wesentliche, illusionslose Sachlichkeit, strenge Selbstdisziplin, Ausschaltung aller Ungenauigkeit und der »leichten Lösungen« sollen den Geist bestimmen. Erst in einer solchen verzichtenden Haltung findet der Mensch zur Heiligkeit des Seins, zur Reinheit und Keuschheit der Dinge. Sie ist ein unaufhörliches Maßnehmen des Geistes an den maßgebenden Dingen. Sie fordert eine eigentümliche Verhaltenheit, eine anscheinend kühle Objektivität, eine schlichte Sachlichkeit, eine, man möchte fast sagen, eingeborene Demut des Geistes, ja eine strenge Zucht des ganzen Menschen, die nur in mannigfachen Opfern und Verzichten erlangt werden kann. Der Mensch muß aufgehen in der Aufgabe. Er muß sein Schwergewicht nach außen verlagern, auf die Selbstzentrierung verzichten, sich öffnen auf die gegenständliche Welt hin. Je größer diese selbstverlierende Weltoffenheit ist, desto mächtiger wird die Schau der Wahrheit und desto gewaltiger der erkennende Geist. Auch hier gilt der Grundsatz in seinem ganzen Umfang: »Wer sich gewinnen will, muß sich verlieren.«

Liebe, Aufgehen im Du

Das höchste Erkennen vollzieht sich in der Liebe. Es gibt in der Wirklichkeit eine Seinssphäre, die nur in der Liebe erkannt werden kann: das Du der anderen Person, die Persontiefe, jenes Innere, wo der Mensch in seiner Eigentümlichkeit begründet ist. Dieses Eigentlichste des anderen Menschen kann nur als Selbstaussage erfahren werden. Jede echte Selbstaussage setzt aber voraus, daß man sie in einen Raum des personalen Vertrauens, also der Liebe, hineinspricht.
Die Liebe schafft eine Seinseinheit zwischen zwei Personen. Diese Seinseinheit bringt die unmittelbare Erkenntnis des anderen mit sich. Wer einen Menschen nicht liebt, hat ihn in seinem Eigentlichsten nicht erkannt. Die Liebe besagt, von einem anderen Menschen dermaßen abhängig sein, daß man selbst sein eigenes Sein von ihm erhält. Ich bin ich selbst, indem ich liebe. Ich liebe aber, da du bist. Ich bin also, indem und insofern du bist.
Wer um die menschliche Unbeständigkeit, ja Liebesunfähigkeit weiß, dem müssen wir nicht lange erklären, welches Wagnis dies alles bedeutet. In der Liebe überantwortet sich der Mensch in die Hände eines anderen Menschen, dessen Wesen, Freiheit, Treue und Sein bedroht sind, in dessen Leben das Leid eintreten kann, das dann — da die zwei Liebenden eine Seinseinheit ausmachen — sein eigenes Leid sein wird.
Es ist zutiefst wahr, daß es in einer vom Leid bedrohten Welt keine glückliche Liebe geben kann. Und doch gibt es keinen

anderen Weg zum Glück, als sich in diese Bedrohung hinein-
zubegeben: »Lieben heißt immer schon verletzlich sein. Liebe
irgend etwas, und dein Herz wird ganz gewiß gequält und
möglicherweise gebrochen. Willst du dein Herz ganz zuver-
lässig unversehrt bewahren, darfst du es nie verschenken,
nicht einmal einem Tier. Umgib es sorgfältig mit Stecken-
pferden und kleinen Gewohnheiten; meide alle Verwicklungen, verschließe es sicher in den Sarg deiner Selbstsucht.
Aber in diesem Sarg — gesichert, reglos, ohne Luft — verändert es sich. Du hast nur die Wahl zwischen Tragik — oder
wenigstens dem Wagnis einer Tragödie — und Verdammung.
Der einzige Ort außerhalb des Himmels, wo du vor all den
Gefahren und Trübungen der Liebe vollkommen sicher sein
kannst, ist die Hölle« (C. S. Lewis).
Ein Mensch, den wir lieben, kann unser ganzes Wesen ver-
giften, unser Schicksal dem Leid ausliefern, unsere Karriere
zerstören, unsere schönsten Hoffnungen enttäuschen. Und
dennoch hört die Liebe nicht auf, sofern sie wahre Liebe ist.
Dies alles muß klar gesagt werden, wenn wir klarsichtig und
reif über die Selbstvollendung in der Liebe sprechen wollen.
Es ist unbestreitbar: Der Mensch erlangt sein eigenes Wesen
erst, indem er liebt; dieselbe Liebe ist aber Wagnis, Selbsthingabe, Bedrohung seines eigenen Lebens. Nimmt der Mensch
all das nicht auf sich, so versperrt er sich den Weg des Glückes.
»Wer sich gewinnen will, muß sich verlieren.«

Freiheit vom Ich, höchste Form des Selbstbesitzens

Die Freiheit ist im Grunde nichts anderes als die Fähigkeit,
sich in seiner endgültigen Gestalt auszeugen zu können. So
strebt sie nach Endgültigem, Unwiederholbarem und Ewigem,
auf die Unbedingtsetzung des Bedingten, auf die Endgültig-
setzung des Vorläufigen, auf die Ewigsetzung des Zeitlichen,
auf die Unwiderruflichsetzung des Widerruflichen. Sie kann

sich zwar all dem widersetzen, deshalb ist sie ja Freiheit; aber ihre Vollendung erlangt sie darin nicht. Diese kommt nur aus der freien Bejahung des Zu-Bejahenden, der freien Hinnahme des Geforderten.

Gott schenkt uns ein Herz, damit wir es ihm frei zurückschenken können. Vollendete Freiheit heißt, das Richtige, das als richtig Erkannte mit dem ganzen Einsatz des Wesens zu tun, ohne auf sich selbst Rücksicht zu nehmen, ohne Willkür und ohne Festhalten an der Freiheit, in jedem Augenblick alles und jedes tun zu können. Es ehrt und erhebt den Menschen mehr, sich der ewigen Ordnung der Dinge auszusetzen, sie frei zu bejahen, als den Schwächen und Nötigungen des eigenen Lebens nachzugeben. In solchen Menschen, die ihr gottgewolltes Schicksal in schlichter Demut verwirklichen, geschieht, was sein soll, und nicht das, was sein kann. In ihnen faßt Gott die Welt und führt sie dorthin, wohin er sie führen will, das heißt in die Vollendung. Auch hier hat seine volle Gültigkeit, was Christus als Grundsatz eigentlichen Lebens aufgestellt hat: »Wer sich gewinnen will, muß sich verlieren.«

Menschliche Wesentlichkeit, geschenkte Größe

Wir wollen alle ein »wesentliches« Leben führen, ein bestätigtes, erfülltes und bedeutendes Dasein; unsere Existenz soll den Charakter des Einmaligen und Unverwechselbaren tragen; für möglichst viele Menschen oder — wenn es nicht anders geht — nur einem einzigen möchten wir »alles« werden, gänzlich unvertretbar, unersetzlich und bis zum letzten Grund des Wesens bejaht. Wir wollen keine durchschnittlichen Menschen sein. Wir rennen täglich gegen die dunkle Wand unserer Durchschnittlichkeit an; wir verlangen nach großen Erlebnissen. Wir möchten über alles Erfaßbare und Einschätzbare hinausgelangen. Wir sehnen uns nach einer Wandlung unseres ganzen Daseins, die uns ganz einmalig, ganz tief machen würde. Wir wollen kein »geheimnisloses«, dumpfes, von allen »bekanntes« und beredetes Leben führen. Einmaliges Schicksal möchten wir haben, sei es im Glück oder im Leid. Diese Mattherzigkeit, diese Schwunglosigkeit, diese Müdigkeit und Abgestumpftheit, diese Gemeinheit und Hinterlistigkeit, die unser ganzes Leben beherrschen, möchten wir endlich aus unserem Dasein weg haben.

Wir können ohne Größe nicht leben. Das Menschsein in uns bricht zusammen, wenn man uns die Hoffnung auf menschliche Wesentlichkeit nimmt. Unsere Sehnsucht danach muß lebendig erhalten werden. Deshalb muß der Mensch über seinen jeweiligen Zustand hinaus »zielen«; er muß hineinschreiten können in eine immer größere Verheißung, sonst verkümmert das Leben in ihm. Das Erreichte ist für den Menschen immer die Gefahr der Beengung, wenn es die Sehnsucht nicht auf ein Größeres hin weiterleitet. Das ist die Grundverfassung menschlicher Maßlosigkeit, abgelesen an den ganz einfachen Erscheinungen des Alltags. Hinter all dem steht Gott. In unserem Verlangen nach Größe vollzieht sich, meist unausgedrückt und unthematisch, das Drama des menschlichen Gottsuchens. Aber gerade hier offenbart sich unsere radikale Unfähigkeit zur Größe.

Wesenhafte Größe ist transzendente Gewährung. Sie ist Geschenk Gottes. Wir erhalten sie nicht, weil wir besondere Gaben besitzen, Talente, Einsichten, Originalität, persönliche Eindrücklichkeit, eigenes Lebensgeheimnis und Tiefe des Empfindens. Der Weg zur radikalen Größe kann nicht von uns »vorgeschrieben« werden. Er ist dort angelegt, wo Gott, der Vollendende, zu uns kommen will. Ihm begegnen wir aber nur, wenn wir uns hineinbegeben in den Alltag, ins Unbedeutendwerden, in den Bereich der schlichten Brüderlichkeit, in den Willen Gottes. Tiefsinnig bemerkt Dietrich Bonhoeffer: »Was ist Gott? Nicht zuerst ein allgemeiner Gottesglaube an Gottes Allmacht usw. Das ist keine echte Gotteserfahrung, sondern ein Stück prolongierter Welt. Begegnung mit Jesus Christus! Erfahrung, daß hier eine Umkehrung alles menschlichen Seins gegeben ist, darin, daß Jesus nur ›für andere da ist‹! Das ›Für-andere-da-sein‹ Jesu ist die Transzendenzerfahrung! ... Unser Verhältnis zu Gott ist ein neues Leben im ›Dasein-für-andere‹ ... Nicht die unendlichen, unerreichbaren Aufgaben, sondern der jeweils gegebene erreichbare Nächste ist das Transzendente.«

Als dem Herrn der Besuch seiner Mutter und seiner Geschwister gemeldet wurde, wies er auf den Kreis derer, die um ihn saßen, und sagte: »Siehe, meine Mutter und meine Brüder. Wer den Willen Gottes tut, der ist mir Bruder und Schwester und Mutter.« Brüder sind für Jesus die, die in der gemeinsamen Annahme des Gotteswillens vereint sind. Bruder Christi sein heißt im tiefsten Grunde: Hineingehen in den Willen des Vaters; und dies wiederum: Hineingehen in den Alltag, Bereitsein zur Entgegennahme unseres Auftrages in eben diesem Alltag. Gott will von uns unseren Alltag und nichts anderes. Er will, daß wir zurückgehen ins Kleinsein und gerade darin alles Große überragen. Er fordert von uns eine Haltung, die sich nicht aufdrängt, die die andern freiläßt, sie nicht belastet. Somit sind Zurückhaltung und Demut sichere Zeichen dafür, daß in einem Menschen die göttliche Größe im Wachsen ist. Größe erwächst nur aus dem frei bejahten, sich ins Andere verlierenden Kleinsein des Lebens. Daraus ließe sich eine ganze Theologie des Himmels, der ewigen Vollendung erarbeiten und vielleicht auch eine Theologie der Eucharistie. Hier genügt uns aber festzustellen, daß unser eingeborener Drang nach menschlicher Wesentlichkeit sich auch nach dem gleichen Grundgesetz vollenden kann: »Wer sich gewinnen will, muß sich verlieren.«

Schließlich soll noch ein Wort gesagt werden über unseren geheimnishaftesten und grundsätzlichsten Lebensdrang.

Mehr an Einswerdung im Verzicht auf Einssein

Das menschliche Dasein wird in all seinen Dimensionen von einem Verlangen nach Teilhabe am anderen Sein beherrscht. Dieses Verlangen offenbart sich vornehmlich in einem Drang nach Bewußtsein, nach Erkenntnis, nach Liebe. Es ist im letzten Grund jene Anlockung, die die Pantheisten zur Behauptung führt: Unser endliches Sein muß sich einmal mit Gottes Wesen vermischen. Aber gerade diese Anlockung ist die schwerste Versuchung unseres geschöpflichen Seins. Was für eine Seligkeit wäre es, wenn wir nicht mehr wir selbst wären? Um zu sein, müssen wir Gott ewig liebend gegenüberstehen. Da die Liebe eine Seinseinheit schafft, flutet sein Leben ewig in uns; wir werden also vergöttlicht. Zugleich verlieren wir aber nichts von jener Seligkeit, die ein endliches Wesen empfindet, wenn es zum Unendlichen Du sagen kann. Wir erlangen ein Mehr an Einswerdung, wenn wir auf unseren Drang nach völligem Einssein verzichten. Also auch hier, an der letzten Gemarkung des Wünschbaren und Erreichbaren, zeigt sich die absolute Gültigkeit des von Christus aufgestellten Grundsatzes menschlicher Eigentlichkeit: »Wer sich gewinnen will, muß sich verlieren.«

Somit haben wir die Wesensgesetzlichkeit des Glückes gefunden, das heißt den Weg, auf dem wir dem Leid entkommen können. Diese Gesetzlichkeit (»Gib dich auf, wenn du glücklich sein willst«) ist keine unverständliche Forderung Gottes an unsere Natur. Durch eine saubere Erforschung unserer ureigensten menschlichen Regungen haben wir herausgestellt, wohin die Urdynamik der gesamten Weltwirklichkeit, die durch uns in die Vollendung eintreten will, hinzielt. Wenn wir das Weltsein vollends »leidlos« machen wollen, müssen wir frei in die Vernichtigung unseres Daseins einwilligen. In unseren Überlegungen über das Leid und dessen Bewältigung durch die Selbstloslösung ist eine wichtige Aussage über den menschlichen Tod enthalten: Der Tod ist der Höhepunkt des Lebens. In ihm vernichtigt sich das menschliche Dasein ganz und kann so die ewige Vollendung als Geschenk entgegennehmen. Darüber wollen wir aber erst in unserer nächsten Betrachtung nachdenken. Was wir über das menschliche Leid zu sagen wußten, haben wir hier bereits gesagt: Es ist ein Übel; also will Gott nicht, daß wir darin leben. Er will uns davon befreien. Der einzige Weg der Befreiung ist die ganzheitliche Selbstlosigkeit, die Loslösung von unserem leiddurchdrungenen Leben.

Betrachtungen über den Tod

In dieser fünften Betrachtung möchten wir einen entscheidenden Schritt auf das Geheimnis des menschlichen Leides hin
wagen. Im Mittelpunkt der christlichen Verkündigung steht
eine erschütternde Behauptung: Der eigentliche Ursprung des
Lebens ist der Tod. Was im Tod eines Menschen geschieht,
ist wunderbarer als seine Erschaffung. Es ist eine neue Geburt. Warum ist dem aber so? Warum entspringt das Leben
dem Tod? Auf diese Frage möchten wir in dieser Betrachtung
eine Antwort finden. Diese Antwort lautet: Weil der Tod uns
die erste Möglichkeit bietet, Christus gegenüber in voller Freiheit und bei klarstem Bewußtsein eine endgültige Entscheidung zu treffen. Der Mensch wird im Tode vollkommen
»Person«, und deshalb kann er sich erst im Tod vollkommen
entscheiden. Um die ganze Tragweite dieser Behauptung erfassen zu können, müssen wir zuerst etwas weiter ausholen.
Wir müssen zuerst die Gründe aufzählen, die uns erlauben zu
sagen, im Tode geschehe die eigentliche Lebensentscheidung
des Menschen.

Tod als letzte Entscheidung

In den Fragen der sogenannten »Letzten Dinge« erlebte die
katholische Theologie der neuesten Zeit eine revolutionäre
Wandlung der Perspektiven. Hans Urs von Balthasar nannte
die Eschatologie mit Recht den »Wetterwinkel der Theologie«.
Diese große Wende wurde von der ganz einfachen, auf den
ersten Blick unscheinbaren und harmlosen Frage herbeige-

führt: Was geschieht im Augenblick des Todes mit dem ganzen Menschen? Indem die Theologen diese Frage zu beantworten suchten, bemerkten sie, daß sie ihre ganze Lehre über die »Letzten Dinge« in bezug auf die gegebene Antwort neu durchdenken müssen. Die neue, von verschiedenen Theologen fast gleichzeitig ausgesprochene Antwort könnte folgendermaßen formuliert werden: Im Tod eröffnet sich die Möglichkeit zum ersten vollpersonalen Akt des Menschen; somit ist der Tod der seinsmäßig bevorzugte Ort des Bewußtwerdens, der Freiheit, der Gottbegegnung und der Entscheidung über das ewige Schicksal.

Durch diese — ein wenig zu akademisch formulierte — Aussage will man folgendes andeuten: Erst im Moment des Todes kann der Mensch die Fremdheit seines Daseins ablegen; erst im Tod wird er seinsmächtig genug, um Christus ganzheitlich, mit allen Fasern seines Wesens begegnen und sich ihm gegenüber endgültig entscheiden zu können. Im Moment des Todes hätten wir also — nach dieser Hypothese — noch eine Möglichkeit der Entscheidung, genauer, erst im Tod hätten wir die erste Möglichkeit einer ganzheitlichen, vollpersonalen Stellungnahme. In dieser Hypothese wird das Heil radikal »christologisch« und »personal« gedacht. Und trotzdem wird in ihr verständlich, daß das von Christus gebrachte und von jedem einzelnen Menschen personal zu erringende Heil »universal« ist: Jeder Mensch hat die Gelegenheit, sich — im Tod — Christus gegenüber im Vollbesitz seiner Kräfte, in völliger Klarheit und in ganzheitlicher Freiheit zu entscheiden.

Sehr viel hängt davon ab, daß wir den in dieser Hypothese so stark betonten Ausdruck »im Tod« richtig verstehen. Es handelt sich (erstens) nicht um den Zustand »vor dem Tod«. Man kann wahrhaftig nicht annehmen, im Zustand von körperlichen und seelischen Qualen der Agonie, in der Stumpfheit des Sterbens setze jemand seinen ersten vollpersonalen Akt. Es handelt sich aber (zweitens) auch nicht um den Zustand »nach dem Tod«. Unser ewiges Schicksal nach dem Tod steht für immer fest. Im Tod sind wir dermaßen »endgültig« geworden, daß nachher an dieser Endgültigkeit nichts mehr zu ändern ist. Es geht hier vielmehr um den »Moment des Todes selbst«.

Augenblick der Christusbegegnung

Die Verfechter dieser Lehre fassen den Moment des Todes folgendermaßen auf: Wenn die Seele den Leib verläßt, erwacht sie plötzlich zu ihrer reinen Geistigkeit, wird ganz von Licht und Helligkeit erfüllt. Sie versteht augenblicklich alles, was ein erschaffener Geist erkennen und verstehen kann; sie sieht ihr ganzes Leben in eine Einheit zusammengefaßt; sie entdeckt darin Christi Ruf und Führung; sie steht auch vor der Ganzheit der Welt und sieht, wie darin der auferstandene Herr als das letzte Geheimnis der Welt aufleuchtet. Im Tod wird also der Mensch frei, wissend und fähig, eine endgültige Entscheidung zu treffen; in dieser Entscheidung vollzieht er die klarste Christusbegegnung seines Lebens; es ist jetzt unmöglich für ihn, an Christus vorbeizugehen. Er muß sich entscheiden, so oder so. Was da — im Tod — entschieden wird, bleibt in Ewigkeit, da der Mensch sein ganzes Wesen in diese Entscheidung hineinwirft, ganz zur Entscheidung wird. Als so Entschiedener lebt er für immer. Die ganze Ewigkeit des Menschen wird nichts anderes sein als die seinshafte Entfaltung dessen, was in diesem Augenblick geschieht.
Die Argumente, die zur Bekräftigung dieser Lehre vorgebracht werden, können hier nicht einzeln analysiert werden. Eine einzige Überlegung sei andeutungsweise angeführt. Diese Theologen appellieren an eine tief menschliche Erfahrung: Der Mensch »besitzt« sich selbst noch nicht. Er lebt in seiner Sehnsucht unaufhörlich sich selbst voraus und vermag sich deshalb nirgends zu fassen, sich eine endgültige Gestalt zu

geben; um zu sein, stürzt er voraus, in die Zeit hinein; dadurch streift er gleichsam nur seinen jeweiligen Augenblick, den »Ort« des wirklichen Da-seins; er streift nur sein eigenes Leben und lebt es nicht wirklich. Er kann sein Wesen nicht entfalten, den Reichtum seines Lebens nicht ungeteilt leben. Erst in dem Moment, da es nicht mehr in die gleiche, zerstückelte Zukunft hinein weitergeht, kann er sein Wesen voll verwirklichen. Hier stauen sich die Ströme seines Lebens auf: Er »ist« endlich; er lebt nicht mehr wie ein dahinreißender Bergbach, sondern wie ein ruhiger Bergsee, klar und tief, die ganze Welt in ihrer Fülle spiegelnd. Dieser Moment kann aber erst im Moment des Todes eintreten. Erst im Tod geht es nämlich einfach nicht mehr »weiter«, in die gleiche Richtung, in die leere Offenheit der Zeit; im Tod bricht für uns ein Leben an, das unaufhörliche, intensiv gelebte Gegenwart ist. Erst im Tod erreicht also der Mensch die totale Einheit seines Wesens; er entkommt der allseitigen Beengung und Beängstigung und tritt in die Tiefendimension der Welt ein, in das »Herz des Universums«.

»Neue Geburt«

Will man — nach dieser Hypothese — den Vorgang des Todes bildhaft beschreiben, so drängt sich das uralte christliche Symbol für den Tod, das Bild der Geburt, auf. In der Geburt wird das Kind gleichsam gewaltsam aus der Enge des Mutterschoßes gedrängt, muß das Beschützende, Gewohnte, die Geborgenheit verlassen. Es wird einem ganzheitlichen »Untergang« ausgeliefert. Zugleich eröffnet sich vor ihm eine weite, neue Welt, ein neuer Weltbezug, die Welt des Lichtes, der Farben, der Bedeutungen, des Mitseins und der Liebe. Im Tod geschieht ähnliches mit dem Menschen: Gewaltsam wird er aus der Enge seiner bisherigen Weltlichkeit herausgenommen; gleichzeitig gelangt er zu einem neuen, wesenhaften, sich bis in die Weite des Weltalls erstreckenden Weltbezug. Der Mensch geht also im Tod einerseits wirklich unter im Sinne einer »Nichtung«, eines gewaltsamen Entzugs seiner Leib-Weltlichkeit; zugleich taucht er unter bis zum Wurzelgrund der Welt und erhält eine totale Weltpräsenz.

Dieser Weltgrund, in den der Mensch sterbend hinuntersteigt, ist seinem Wesen nach »christusoffen«, transparent also auf den Grund alles Seienden. Der Mensch wird im Tod auch all dem gegenübergestellt, was er in allen seinen Erkenntnissen immer vermutet, wohin er in all seinem Wollen unbewußt strebt, was er in all seinem Lieben im Grunde umarmt. An diesem metaphysischen Ort wird er seine endgültige Entscheidung treffen. Tod ist also Geburt. Der Mensch geht in seinem Tod in eine gänzlich christusdurchsichtige Welt ein. Der kosmische Christus umfängt ihn ganz. Mit seinem ganzen Wesen steht der Mensch vor seinem Herrn. Er kann an ihm nicht mehr vorbeigehen.

»Befreiung zur Freiheit«

Der Mensch muß durch den Tod hindurch, damit er ganzheitlich Gott nahekommt. Während unseres irdischen Lebens wandern wir noch in einer Ferne vom Eigentlichen. Wir werden beherrscht von Menschen, Dingen und Ereignissen, von unseren eigenen Sehnsüchten und Träumen. All das stellt den Raum, draußen und drinnen, voll, nimmt den Menschen in seine Gewalt. Diese Vielheit der Dinge läßt Gott in unserem Bewußtsein fast keinen Raum mehr. Der Mensch, wenn er den Himmel betreten soll, muß die Möglichkeit haben, einmal ganz unabhängig und frei, mit seiner ganzmenschlichen Wirklichkeit, gleichsam auf das Wesentliche seines Seins zurückgeführt, vor Gott zu stehen und sich für ihn mit seinem ganzen Wesen zu entscheiden. Dazu muß ihm aber alles genommen werden, woran er mit allen Fasern seiner Wirklichkeit hängt. Seine Dinge, sein Besitz, seine Kraft, ja seine Freunde, die Menschen, die er lieb hat, seine Hoffnungen und seine Träume, alles, was er in seinem Leben aufgebaut und errungen hat. Alle Masken müssen einmal fallen, und auch alle Rollen müssen ein Ende nehmen, die der Mensch vor der Welt und vor sich selbst spielt.

Indem also der Mensch den Tod erfährt, wird er von allem befreit, was ihn bis dahin hinderte, Gott ins Angesicht zu schauen. Tod ist also Befreiung zur eigentlichen Freiheit. Der Mensch wird durch den Tod ganzheitlich seinem Gott ausgeliefert. Er vermag sich vor ihm nicht mehr zu verstecken. Seine Seele ist gleichsam hinausgerissen in die unendliche Ebene, wo nichts mehr ist als er und sein Gott. Er steht nun Aug in Aug mit dem auferstandenen Herrn. Christus selbst mußte den Todeskampf, das Sterben und den Tod auf sich nehmen, damit jeder Mensch, der den Weg des Todes geht, ihm plötzlich in blendender Klarheit begegnen könne, damit jeder Mensch — wenigstens im Tode — ihm gegenüber eine endgültige Entscheidung treffe.

Unwiderrufliche Entscheidung

Hier — im Tod — hat Gott den Menschen ganz eingeholt. Er hat ihm, indem er selber den Tod auf sich nahm, alle Auswege versperrt. Der Mensch muß durch den Tod. Und im Tod wird er unweigerlich Christus begegnen. Hier nimmt das schreckliche Abenteuer der Gottesferne, in das der Mensch sich hineingeworfen hat, sein Ende. Christus steht nun da, vor dem Menschen im Tode; klar gesehen, leuchtend wahrgenommen, und ruft ihn mit der Gebärde der erlösenden Liebe zu sich. Christus wird ewig so dastehen, mit seiner rufenden und schenken wollenden Liebe. Wenn der Mensch sich im Tod gegen Christus entscheidet, ändert das nichts an Christi Liebe. Diese Liebe wird ihn aber ewig brennen, weil er sie ewig als ganz nah erlebt und trotzdem zurückweist (das ist dann die Hölle). Wenn er sich aber für Christus entscheidet, so wird die gleiche Liebe Christi zum ewigen Licht für ihn und zur endgültigen Vollendung im grenzenlosen Glück, zur ewigen Bejahung der Nähe des Herrn (zum Himmel). So ist die Entscheidung im Augenblick des Todes das Gericht selbst.

TOD ALS DAS »BESONDERE GERICHT«

Durch sein Ja oder Nein richtet der Mensch sich endgültig.

Es folgt daraus: Niemand wird verdammt, nur weil der Zufall es so wollte, nur weil der Mensch plötzlich, durch einen Unfall etwa, in die Ewigkeit abberufen wurde; weil er Gott während seines irdischen Lebens nie richtig erkannt hatte, weil er in eine Familie hineingeboren wurde, in der er die Liebe nie erfuhr, und deshalb auch nicht verstehen konnte, was das Wesen Gottes ist; weil er sich vielleicht gegen einen Gott, in dem er nur einen Gesetzesgott, einen schrecklichen Tyrannen sah, gewandt hat; weil er von Menschen verworfen, verkannt und innerlich verwundet wurde und so gegen alles in Auflehnung geriet, auch gegen Gott. Wer anders denkt, weiß nicht, was ewige Selbstverdammung ist.

Es folgt daraus: Niemand erreicht das ewige Heil, nur weil er fromme Eltern hatte; weil ihn seine bürgerlichen Vorurteile davor bewahrt haben, das Böse, das er so gern getan hätte, zu tun; weil er die Chance hatte, die Milliarden Menschen nicht haben – vielleicht bessere Menschen als er –, in einem Erdteil aufzuwachsen, wo man immerhin gelegentlich noch etwas von Christus hören kann; weil er zufällig ein angenehmes Wesen besaß und so auch erfuhr, was Geliebtwerden heißt, und es ihm dann auch nicht schwerfiel, daran zu glauben, daß auch Gott ihn liebt. Wer anders denkt, weiß nicht, was ewige »Vergöttlichung« bedeutet.

Es folgt daraus: Gott ist nicht kleinlich; er ist ein wirklich großer Herr. Man wird nicht verdammt, ohne sich mit seinem ganzen Wesen, in völliger Klarheit und Überlegung gegen Christus entschieden zu haben; man wird aber auch nicht vergöttlicht, ohne Christus in inniger Begegnung, mit allen Fasern der Seele umarmt zu haben. Wo man geboren wurde, wann man gestorben ist, was für einen Charakter man als Erbe bekam, spielt dabei gar keine Rolle; jeder Mensch hat die Möglichkeit, sich in blendender Klarheit für oder gegen Christus zu entscheiden. Der Mensch ist kein Spielzeug eines »kleinen und kleinlichen« Gottes. Einen solchen »Gott« gibt es nicht.

Es folgt daraus: Jeder Mensch hat die Möglichkeit, wenigstens einmal Christus, dem Auferstandenen zu begegnen, ihn persönlich zu erkennen; selbst die Heiden, jene Milliarden, die noch nie etwas von Christus gehört haben; selbst die zu Heiden gewordenen Christen, denen wir vielleicht einen langweiligen und wirklichkeitsfremden Gott gepredigt haben, den sie nie richtig lieben lernen konnten; selbst jene Menschen, die religiös und moralisch einfach Kleinkinder geblieben sind, obwohl ihre sonstigen Fähigkeiten sich durchaus normal entwickelten, und die sich in der komplizierten Struktur des heutigen Lebens mit Erfolg zurechtfinden können; selbst jene Menschen, die Gott hassen, weil sie in ihm – zum Beispiel – ein Mittel der »kapitalistischen Ausbeutung« sehen und ihn in seinem eigentlichen Wesen nie erkannt haben; selbst die Schwachsinnigen und seelisch Unentwickelten, die nie richtig etwas verstehen konnten; selbst die ungeborenen und ohne Taufe verstorbenen Kinder; und schließlich selbst wir, die zu schwach sind, das Gute zu tun, und deren Herz so kalt und leer bleibt. Alle haben die Möglichkeit – in der Perspektive der vorgetragenen Hypothese –, ihr Heil in einer ganzheitlich-personalen Begegnung mit Christus zu erlangen.

Es folgt daraus: Wir alle müssen wachsam bleiben. Was und

wer gibt uns die Sicherheit, daß wir im Tod die richtige Entscheidung treffen? Der Ausgang dieser Entscheidung wird von uns selbst abhängen. Es gibt keinen anderen Maßstab, die Aufrichtigkeit unseres Wunsches nach Bekehrung zu messen, als die Bekehrung selbst, in diesem Moment. Was wir in der Zukunft sein möchten, müssen wir in der Gegenwart anfangen. Wir müssen uns durch die vielen kleinen Einzelentscheidungen unseres Lebens auf die große, letzte Entscheidung im Tod vorbereiten. Das Leben ist »Einübung in das Gericht«. Wir müssen uns bekehren, und zwar gleich, wenn wir aufrichtig die Bekehrung im Tode wünschen. Jedes Aufschieben dieser Vor-Entscheidung ist existentielle Lüge. Wir können nicht einfach gedankenlos »dahinleben« und alles der letzten Entscheidung überlassen. Wer kann dafür bürgen, daß wir am Ende noch die ganze Orientierung unseres Lebens umstürzen werden? Nur wir selbst. Der Gedanke einer letzten Entscheidungsmöglichkeit im Tod hat die Eigenschaft aller großen christlichen Gedanken: Er befreit und fordert zugleich. Die vorgetragene Hypothese bietet uns die Möglichkeit, das »besondere Gericht« nicht als ein Zusätzliches auf der langen Liste der sogenannten »Letzten Dinge«, sondern als eine Dimension der Entscheidung im Tod zu begreifen, als die letzte Entschiedenheit unseres Wesens. Abzuwarten bleibt, ob die gleiche Reduktion auch in der Frage des Fegfeuers gelingt.

Tod als Fegfeuer

Die Hypothese der Endentscheidung im Tod erlaubt uns, mit einigen unglaubhaften, unwürdigen und grotesken Vorstellungen über das Fegfeuer aufzuräumen. Der Reinigungsort ist sicher keine riesige Folterstadt, kein »kosmisches Konzentrationslager«, in dem klagende, seufzende und jammernde Kreaturen von Gott bestraft werden. Gottes Gedanken haben eine ganz andere Größe. Das Fegfeuer ließe sich durchaus als ein augenblicklicher Vorgang, als die Qualität und Intensität der sich im Tod vollziehenden Entscheidung denken. In diesem Fall wäre die Begegnung mit Christus, das Eingehen in seinen liebenden Blick unsere endgültige Läuterung.

Fegfeuer als Christusbegegnung

Liebend und gnadenvoll blickt Christus auf den ihm entgegenkommenden Menschen. Sein Blick dringt aber zugleich bis ins Innerste, Verborgenste und Wesentlichste des Menschendaseins. Gott im Feuerblick Christi zu begegnen ist zwar einerseits die höchste Erfüllung unserer Liebesfähigkeit; es ist aber anderseits auch das schrecklichste Leiden unseres Wesens. In dieser Perspektive wäre das Fegfeuer nichts anderes als der Durchgang durch das Feuer der Liebe Christi, der Vorgang der Christusbegegnung im Tod. Bei dieser Begegnung bricht die Liebe zu Gott aus den Tiefen des menschlichen Daseins hervor, durchdringt unser Wesen. Sie muß dabei die Schichten und »Ablagerungen« der Selbstsucht überwinden, das, was die scholastische Theologie »reliquiae peccati«, Überreste der Sünde zu nennen pflegt. Die Liebe zu Gott glüht zwar noch in der Tiefe jener Menschenseele, die der Reinigung bedarf; sie ist aber unter dem Schutt und der Asche des menschlichen Egoismus begraben. Je härter und mächtiger diese Ablagerungen sind, desto schmerzhafter wird auch der Durchbruch zu Christus sein. Das ganze menschliche Dasein muß sich mit letzter Kraft »aufbrechen«, sich dem liebend entgegenkommenden Christus öffnen. Demnach würden also die einzelnen Menschen einen persönlich je verschieden »intensiven« Läuterungsvorgang im Augenblick des Todes durchmachen. So wird aus dem Unterschied der im Fegfeuer verbrachten Zeit ein Unterschied in der Intensität der Läuterung

Unsere helfende Fürbitte

Hier erhebt sich ein Einwand. »Wenn die Läuterung im Fegfeuer ein augenblicklicher Vorgang ist, warum sollen wir dann für unsere Verstorbenen beten? Unser Gebet kommt auf jeden Fall zu spät an!« Auf diesen Einwand ließen sich zwei verschiedene Antworten geben. Eine philosophische vom Begriff der Zeitlichkeit her. Diese Antwort lassen wir hier beiseite, damit sie unsere Betrachtung, die schließlich nicht eine philosophische Gedankenübung sein soll, nicht allzusehr belastet. Die andere Antwort, die wichtigere und entscheidende, ist eine theologische: Für Gott ist alles Gegenwart; der Tod jenes Menschen, für den wir beten, und unser Gebet fallen für ihn zusammen; für ihn stirbt der von uns geliebte Mensch, dessen Entscheidung wir mit unserem betenden Beistand erleichtern möchten, in dem Augenblick, in dem wir für ihn beten. Ähnlich verhält es sich ja auch im Fall der sehr verbreiteten Übung der Herz-Jesu-Verehrung, im Fall der sogenannten Heiligen Stunde. Die Gläubigen trösten durch ihr Gebet und durch ihr Mitleid den Heiland am Ölberg, in seiner menschlichen Trauer und Angst. Und diese Tröstung »tröstet« wirklich, da bei Gott diese zwei Zeitpunkte gleichzeitig existieren. Unsere Fürbitten können also nie »zu spät« ankommen, da Gott in seinem Wesen kein Vorher und kein Nachher kennt. Unsere Hilfe kommt beim Verstorbenen immer im richtigen Augenblick an, selbst wenn wir Jahrzehnte nach seinem Tod für ihn beten. Sein Augenblick ist immer zugleich unser Augenblick. Seine Entscheidung geschieht immer jetzt, selbst wenn er schon lange die ewige Seligkeit erreicht hat. Wir können in jedem Augenblick unserer Zeit ihm bei der größten Entscheidung seines Lebens beistehen. Unsere Auffassung über das Fegfeuer entwertet also keineswegs die Fürbittfrömmigkeit der Gläubigen, sondern gibt ihr eine tiefere, menschlichere Dimension.

Hier müssen wir, wenn auch nur kurz, eines der dunkelsten Geheimnisse unserer Existenz, die Möglichkeit der Hölle betend durchdenken. Wir wissen aus der Offenbarung, daß diese Möglichkeit uns allen offensteht. Die gleiche Offenbarung verbietet uns aber, von irgendeinem konkreten Menschen anzunehmen, er hätte sich tatsächlich der Hölle ausgeliefert.

Unantastbarkeit der Freiheit

Christus hat uns wiederholt und eindringlich verboten, irgendeinen Menschen zu verurteilen. Zur Sünderin sagte er: »Auch ich verurteile dich nicht.« Der Mensch ist also kein »Gegenstand des Urteils«, nicht einmal des Urteils Christi. Nur der Mensch kann sich selbst verurteilen. Verdammung ist immer nur Selbstverdammung. Christus beschränkt sich lediglich darauf, seine Liebe zu offenbaren. Im Angesicht dieser Liebe hat der Mensch über sich selbst zu urteilen. Wer das Ja seines Lebens im Tod ausspricht, wird nicht verurteilt. Wer aber zur Liebe Christi nein sagt, hat sich selbst schon verurteilt. Jegliches Urteilen seitens Christi erübrigt sich also. Gericht ist nichts anderes als die Offenbarung der Liebe und die Entscheidung des Menschen gegenüber dieser Liebe.

Wenn man versucht, in diese Zusammenhänge mehr einzudringen, bemerkt man, daß hier über den Menschen etwas Letztes und Endgültiges ausgesagt wird. Es gibt im Menschen eine heilige »Vorbehaltenheit«, die nicht einmal Christus anrühren will. In dieser Vorbehaltenheit — die nichts anderes ist als die Radikalität der kreatürlichen Freiheit — darf ein Geschöpf Gottes, selbst wenn es von Gott abgefallen ist, nicht angetastet werden. Jegliche Entehrung der Freiheit würde eine Beleidigung Gottes, des Schöpfers dieser Freiheit, bedeuten. Ist dies nicht der Sinn des geheimnisvollen Ausspruches im Judasbrief: »Als der Erzengel Michael mit dem Teufel in heftigem Streit lag, wagte er nicht, ein entehrendes Urteil vorzubringen«? Der zweite Petrusbrief nennt sogar die gestürzten Engel »Wesen göttlichen Glanzes«, gegen welche die »Engel beim Herrn kein beleidigendes Urteil aussprechen«. Die Freiheit, jegliche Freiheit, stellt in der Welt ein Absolutum dar. Das Absolute ist aber schlechthin unberührbar, unmanipulierbar. Nicht einmal Gott kann etwas tun, wenn ein Geschöpf — etwa der Mensch im Tod — ihm ins Angesicht sagt: Nein. Hierin besteht die Herrlichkeit, aber auch die furchtbare Bedrohung unserer Freiheit.

Verdammnis, selbstgewollte Trennung von Gott

Mit seinem, dem klar erkannten, sich in Liebe offenbarenden Christus gegenüber ausgesprochenen Nein wirft sich der Mensch in eine unendliche Verlassenheit hinein. Im Tod wird der Mensch ganz »er selbst«, holt sich vollkommen ein und vermag so — anders als während seines irdischen Lebens — sein Wesen in einem ganzheitlichen Akt vollkommen auszuzeugen. Sagt er in diesem Moment der klarsten Freiheit sein Nein, so sagt er es mit seinem ganzen Wesen, versteift er sich ganz in diesem Neinsagen, ja wird selber zum radikalen Nein. Er wählt für immer sich selbst, muß also sich selbst in Ewigkeit aushalten, muß in alle Ewigkeit in der finsteren Leere des eigenen Daseins herumirren. Nicht als ob Christus ihm den Weg »nach außen« versperren würde! Christus nimmt sein Geschöpf liebend auf, wo und wann dieses zu ihm kommt. Der Herr stößt niemand zurück. Die Hölle ist nicht eine äußere Strafe für eine vergangene (jetzt vielleicht bitterlich bereute) Sünde. Sie ist die Sünde schlechthin, eine immer gegenwärtige, mit dem ganzen Wesen bejahte. Sie ist die Zurückweisung der Liebe Christi, ein unaufhörliches Sich-hinein-Begeben in die Gottesferne. Würde Gott aufhören, den sich

Verdammenden zu lieben, so würde auch die Hölle augenblicklich aufhören, Hölle zu sein. Aber Gott kann nicht anders als lieben. Sein Wesen besteht aus Liebe. Seine Liebe ist vollkommen unabhängig davon, wie sich das Geschöpf dieser Liebe gegenüber verhält. Wir können Gott nicht zwingen, nicht zu lieben. In dem Augenblick also, da der Verdammte seine Tat der Selbstverdammung bereuen würde, wäre er im Himmel. Aber gerade das will er nicht tun. Und darin besteht seine Hölle.

Diese selbstgewollte Trennung von Gott verursacht im frei sich Verdammenden einen tiefen Zwiespalt: eine innere Spaltung und einen Feindlichkeitszustand zum Weltgesamt. Aus diesen Spaltungen lassen sich alle Qualen der Hölle erklären die in der Theologie unter den Begriffen von »poena damni« (Qual des Verlustes) und »poena sensus« (Qual der Empfindung) zusammengefaßt sind.

Trennung von Gott: Wenn man Gott verliert, werden die Augen blind für die Schönheit, für die Lebendigkeit, für die Fülle und für die Eigentlichkeit.

Trennung von sich selbst: Das Wesen des geschöpflichen Geistes besteht darin, daß er sich mit seiner ganzen Wirklichkeit nach Gott sehnt; die Trennung von Gott bedingt also in ihm eine bis ins Innerste reichende Spaltung; der Verdammte haßt das Eigentlichste seines eigenen Wesens, das ihn nach Gott verlangen läßt.

Trennung vom Weltgesamt: Die Welt besteht als leibgewordene Liebe Gottes zur Kreatur; die Schöpfung trägt überall das Bild dessen, den der Verdammte radikal verneint; auch ist der Mensch substantiell eingesenkt in die Welt; er verdichtet das Weltall in sich selbst. So lebt der Verdammte in einer Welt, die er als Feind empfindet, die ihn überall brennt, ihm Widerstand leistet; und dieses Brennen dringt, da der Mensch die Welt in seinem Innern trägt, bis in die verborgensten Fasern der menschlichen Wirklichkeit.

Im Selbst verhaftet inmitten einer gottdurchsichtigen Welt

Aus all dem geht hervor, daß die Hölle kein »besonderer Ort« ist, sondern die gleiche Welt, in der auch die Seligen im ewigen Glück leben. Gott kann ja einen »schlechten Ort« nicht eigens erschaffen. Er ist seinem Wesen nach unfähig, das zu tun. Wenn Gott etwas erschafft, ist es unweigerlich gut, weil Gott nur etwas entstehen lassen kann, das seinem Wesen nachgestaltet ist; wäre es seinem Wesen nicht nachgebildet, so wäre es einfach ein Nichts. Der Verdammte ist aber einfach fehl am Platz in dieser Welt. Wir sollten uns einmal vorstellen: Der Himmel ist blau, die Sonne erfaßt mit ihrer aufgehenden Morgenglut die Welt, ein Vogel singt, und der Mensch ist restlos glücklich. Welch eine Harmonie, was für eine Freude. Nehmen wir aber einen Fisch aus dem Wasser, damit er dieses Wunder an Schönheit genießen könne: Es ist für ihn die Hölle. So lebt auch der Verdammte unglücklich in einer restlos gottdurchsichtigen Welt. In einigen biblischen Berichten (vornehmlich bei Job und dem Propheten Zacharias) leben die Seligen und die Verdammten am gleichen Ort, in der gleichen Welt, verkehren miteinander und haben das Recht, mit Gott zu sprechen. Und es kann auch nicht anders sein Sonst würden die Verdammten unter ihrer Trennung von Gott, von sich selbst und von der Welt gar nicht leiden; sonst wäre ihr Zustand gar nicht jener, den sie mit ihrem freiesten Nein im Tod für ewig aufgerichtet haben.

Wir haben somit die Hölle als das zum ewigen Zustand entfaltete Nein der Entscheidung im Tod, also als Dimension des Todes selbst zu erklären versucht. Das gleiche gilt, freilich mit umgekehrten Vorzeichen, vom Himmel. Im seinshaft ausgesprochenen Ja im Tode überwindet der Mensch den Schrecken der Gottbegegnung (Fegfeuer), läßt alles zurück, was an Gott bedrohlich ist für unser endliches Wesen. Der Mensch kann nun eintreten in die Erkenntnis und in die Liebe Christi, worin ja das Wesen des Himmels besteht. Himmel wäre demnach nichts anderes als die zum Seinszustand entfaltete Entscheidung für Christus im Tod. Doch möchten wir für die Schilderung unserer ewigen Lebendigkeit im Himmel eine eigene, die letzte Betrachtung vorbehalten.

Anstatt noch lange bei der Diskussion unserer Hypothese über den Tod zu verweilen, möchten wir eine erlebnishafte Vorstellung dessen zu vermitteln suchen, was in unserem Tod sich mit uns ereignen mag. Wir sollten einmal versuchen, uns unser eigenes Sterben gegenwärtig zu machen. Wenn man über den Tod betend nachdenkt, sollte man sich nicht den Tod des anderen vorzustellen suchen, sondern vielmehr den eigenen Tod. Deshalb haben wir diesen letzten Teil unserer Betrachtung in Ichform verfaßt. Die einzelnen Bilder, die darin vorkommen, sind eben nur Bilder und sollen deshalb nicht buchstabengetreu verstanden werden.

Tod als Ursprung des Lebens

Ich liege nun da, auf meinem Sterbebett, schlaff, müde und unfähig, meine Glieder zu bewegen. Ich höre zu, wie das Blut in meinen Adern rauscht und in meinen Ohren pulsiert. Eine seltsame Musik des Lebens, die sich immer mehr entfernt. Verschwommen sehe ich noch die Welt durch die purpurnen Schleier meiner fiebrig roten Augen. Müdigkeit vibriert in meinem ganzen Wesen und verwischt die mir wohlbekannten Gesichter der Welt. Die Ermattung wird immer mehr Herr über mich. Meine Kraft genügt nicht mehr, die Wand meines Alleinseins zu durchbrechen.

Ich bin nun endgültig einsam geworden. Einsam wie noch nie in meinem Leben. Die geliebten Wesen um mich herum müssen tatenlos und ohnmächtig zuschauen, wie ich in einen unvermeidlichen Strudel der Einsamkeit hineingetrieben werde. Hineingerissen in ein unerbittliches Alleinsein, hingegangen in die alleräußerste Ferne der Welt. Das ist nun mein Sterben. Ich kann nicht einmal mehr nach Hilfe schreien. Ich bin ohnmächtig und ratlos, hilflos wie ein Kind, das man in einen finsteren Raum eingesperrt hat. Ich bin hineingestürzt in den weiten grauen Nebel der endlosen Ferne, in die reglose, lautlose, schweigende Hilflosigkeit. Die Dinge und die Menschen meines Lebens sind plötzlich nicht mehr da.

Immer tiefer stürze ich in das neblige Dunkel. Wohin geht dieses Stürzen? Hinaus in ein Jenseits aller irdischen Ufer. Das Seltsame ist dabei, daß ich dieses Stürzen nicht als fremd empfinde. Ich stürze in ein immer schon Bekanntes hinein. Als ob ich das schon einmal, ja nicht nur einmal, sondern oft in meinem Leben erlebt hätte. Ich werde dorthin verschlungen, wo ich in meinen Träumen, in meiner Sehnsucht immer schon war, in jene Region, die ich ständig hinter den Dingen, den Personen und den Ereignissen vermutet habe. Dieses Empfinden gibt mir nun eine seltsame Helligkeit. Es wird jetzt Licht um mich herum. Das Dunkel hat aufgehört zu herrschen. Alles ist nun da, was ich in meinem Leben je erwartet habe. Hier wartet auf mich das erste Lächeln, das ich auf dem Gesicht eines geliebten Menschen wahrgenommen habe. Hier wartet auf mich jenes Große, das ich in der Liebe, Vaterschaft, Mutterschaft und Freundschaft gesucht habe. Hier warten auf mich die herbe Zuneigung meines Vaters, der zarte Blick meiner Mutter. All das geht hier ineinander, eingebettet in ein wundersames Licht, das nicht blendet, sondern heilt. Alles ist hier. Alle Schönheiten und Kostbarkeiten der Erde finde ich hier wieder. Alles geht ineins, wundersam erstrahlend, alles glüht, alles schlägt wie ein einziges Herz, alles wallt und glänzt auf. Ich bin endlich daheim und umfasse das Universum.

Ich stürze hinein in das Sakrament des Todes, in dem alle Einzelsakramente zusammengefaßt sind. Alles ist hier reinigendes Wasser, kristallklar, lebenspendend, und ich tauche unter in diese Quelle des Seins. Alles ist hier rauschender Wind des Geistes, der meinem Herzen niegeahnte Geheimnisse erzählt. Alles ist hier wundersame Nahrung, Brot des Lebens, Blut des Herrn, stärkend und nährend. Alles ist hier Reue und Verzeihung. Alles ist hier geistige Macht, vor der sich die Welt beugt. Alles ist hier Salbung, Friede, Stärkung, Befriedung und Heimkehr. Hier war ich daheim, immer schon. Dieses eine leuchtete in der Tiefe all meiner Träume und Wünsche.

Einswerden mit der Welt in Christus

Hinter dieser leuchtenden Geschöpflichkeit, in die ich jetzt sterbend hineinstürze, beginnt nun Gott selbst zu leuchten. Mein Herz hat nun aufgehört zu schlagen. Aber ich erhielt inzwischen das Herz des Universums. Ich habe die Welt in meinem Herzen gesammelt. Ich stehe jetzt Aug in Aug mit dem auferstandenen Herrn, da alles um mich herum und in mir gänzlich durchsichtig auf ihn hin geworden ist. Auf diesen Moment habe ich insgeheim während meines ganzen Lebens gewartet. Ich spreche nun das einzige Wort aus, das meiner Liebe noch möglich ist und das mein ganzes Leben, die Träume der Menschheit und die Sehnsucht des Universums zusammenfaßt: Du. Aus diesem Wort erwächst eine ewigdauernde Umarmung. Ich mache aus dem gewaltigen Schicksal des Sterbens eine persönliche Liebesentscheidung. Ich mache aus der Preisgegebenheit an Christus eine Hingabe, die mich hineinreißt in Christus selbst.

Das ist der Augenblick Gottes. Er hat schon an diesen Augenblick gedacht, als er vor Jahrmilliarden die Welt erschuf. Er dachte an ihn in jedem Moment der langsam aufsteigenden Weltentwicklung. Er dachte an ihn, als er sein eigenes Kommen vorbereitete, in jedem Moment, den er fremd und verlassen und unbeachtet in einem grausigen Winkel unserer Erde verbrachte. Er dachte an ihn während seiner schrecklichen Agonie, in seinem Tod, wo er die Mauer der Weltlichkeit durchbrach, in seinem Niedergang, den wir Höllenfahrt nennen, bei dem er eingegangen ist in das Herz der Welt, in seiner Auferstehung und Himmelfahrt, in denen er das Weltall erfüllte. Er hat all das durchgemacht und auf sich genommen, damit ich ihm, jetzt im Tode, in der Tiefe des Universums und meines eigenen Seins begegnen könne und das liebeerfüllte Wort ausspreche: Du. Nun reißt mich dieses Du-Sagen aus meiner Nichtigkeit heraus und schafft in mir neues Sein. Eine neue Leiblichkeit entsteht in mir, nicht mehr in sich eingesperrt, sondern das Universum umarmend. Nun sehe ich alles wiederum mit leiblichen Augen; ich sehe Gott, und auch alles, was ich hinter mir gelassen habe. Alles ist mir jetzt unendlich nahe, und ich umarme geheimnisvoll all jene, die um mich trauern, und auch jene, die bei Gott auf mich warten. Ein neuer Zustand der Welt, der »Himmel« heißt, eröffnet sich mir. Erst jetzt, nachdem ich kühn und verschwenderisch mein Wesen Christus übereignet habe und darin das ewige Glück errang, steigt mir mit neuer Mächtigkeit ins Bewußtsein, wie schrecklich, wie vernichtend die andere Möglichkeit meiner Entscheidung war. Hätte ich mich im Tode gegen dieses göttliche Du aufgelehnt, wie Satan es tat, der im Anfang aus reinem Haß die Gottheit ewig von sich warf, so hätte ich mich hineingestürzt in die unendliche Verlassenheit, in die erwürgte Dumpfheit des In-sich-gesperrt-Seins, in die Selbstverdammung. Nun werde ich ganz still und schweigsam und empfange in selbstverlierender Dankbarkeit das Geschenk des dreieinigen Gottes,

die ewig währende Gabe seiner Liebe. Eine Ewigkeit immer-
während er Neuheit und Wandlung steht mir jetzt bevor,
ein Zustand der in der Liebe einsgewordenen Welt. Somit ist
der Tod wahrhaft der Höhepunkt des Weltgeschehens, der
Ursprung ewigen Lebens. In ihm stürzt der Mensch in unvor-
stellbarer Steilheit hinab in unabsehbare Tiefen, nur um dann,
wie eine aufsteigende Welle, aufzutürmen und hineinzubran-
den in die ewige Vollendung.

Betrachtungen über das ewige Leben

In unserer abschließenden Betrachtung möchten wir unsere Gedanken noch einmal auf die ewige Vollendung, auf den Himmel hin sammeln. Das christliche Leben ist wesenhaft ein Zeugnis. Es genügt nicht, wenn ein Christ am »Hauptsächlichen« festhält, die Wahrheiten des Christentums bekennt, den moralischen Forderungen Christi nachlebt. Er muß all das »leuchtend« darleben. Dieses Leuchten kommt in die christliche Existenz erst dadurch, daß der Christ versucht, in seinem eigenen Leben den Himmel glaubend zu erfahren, ihn als die eigentliche Wirklichkeit zu erleben und für die Mitmenschen glaubhaft darzuleben. Der Himmel muß durch die Existenz des Christen eintreten in die Leibhaftigkeit des Augenblicks, in die Geschichtlichkeit des hier und jetzt sich ereignenden Schicksals. Der Christ sollte Zeuge davon sein, daß das Leben einem ewigen Glück entgegenschreitet. Darin liegt die charismatische Aufgabe der Christen in der Welt, daß sie der Welt beweisen, daß es einen Himmel gibt. Um aber dies tun zu können, muß der Christ zuerst für sich selbst den Himmel erfahren. Dies geschieht in der christlichen Kontemplation, in der betenden Anstrengung, die Welt unserer Erfahrungen auf ihr ewiges Geheimnis hin durchscheinend zu machen. Ein geheimnisvoller Vorgang ist diese Bewußtwerdung des Himmels in der christlichen Seele. Von ihr soll hier zuerst die Rede sein.

ERFAHRUNG DES HIMMELS

Wir erfahren den Himmel nicht als Schlußfolgerung abstrakter Gedankengänge, sondern als das Sinnzentrum unzähliger Hinweise, Zusammenhänge; als die Mitte unserer Treue, unseres Verlangens, unserer Liebe. Der Christ sollte sein ganzes Wesen und die ganze Welt seiner Erfahrung nach der Gegenwart des Himmels durchsuchen. Das ist die Grundübung jeglichen geistlichen Lebens. Vielleicht sind die einzelnen Stücke dieses Erlebnisses ganz unbedeutend, wie kleine Glasscherben. Wenn man sie aber zusammenlegt, entsteht aus ihnen ein wunderbares Mosaikbild unserer ewigen Heimat.

Erlebnis der Nähe Gottes

Im Zentrum, im eigentlichsten Sinnmittelpunkt dieser Einübung in den Himmel, stehen die großen, gnadenhaften Erlebnisse unserer Existenz. Man sollte sich oft an jene Stunden erinnern, in denen Gott uns ganz nahe war, in denen wir sein Wesen unmittelbar erfahren haben. Es gibt solche Stunden im Leben eines jeden von uns. Die gehören zum kostbarsten Geheimnis der christlichen Seele. Deshalb sollen sie hier nicht »beredet« werden. In diesen Stunden erahnten wir etwas vom Endgültigen, wußten, daß alle Sehnsüchte unseres Herzens einmal ihre Erfüllung haben werden.

Ahnen des Ewigen

Dann aber sollte man sich auch an jene Augenblicke erinnern, in denen die Welt auf ihre Gestalt hin durchsichtig wurde. An die Augenblicke, in denen wir hinter den unzähligen Abwandlungen der Farben und Lichter unserer Welt das eine Leuchtende, Wärmende und Glühende wahrgenommen haben. Plötzlich wurde in Dunkelheiten unserer Existenz etwas offenbar, das im Geheimnis verborgen ist, in einem Geheimnis, in welches man ewig hineinschreiten kann. Wir haben die Höhe erfahren und über dieser Höhe etwas, was alles überragt und überschattet; wir haben etwas in der Tiefe der Welt erfaßt, was in das Verborgenste, Innerlichste und Abgründigste der Wirklichkeit führt. Das waren Augenblicke, in denen wir das Geheimnis des Frühlings erahnt haben, etwas, was in der letzten Tiefe des Lenzrausches jubelt, das jünger ist als alles Junge, den ewigen Frühling, die ewige Jugend; in denen wir in der Erfahrung des Sommers eine gesättigte Fülle erlebt haben, den ewigen Mittag, das Hellwerden der Dinge, etwas, was strömt und nie verströmt; in denen wir in der Schönheit des Herbstes jenes wahrgenommen haben, das in ungreifbaren Höhen alles Werden und Vergehen überlebt; in denen wir begriffen haben, daß der Winter uns etwas verschweigt, was innerlicher ist als alles Innere. Und so könnte man fortfahren. Überall, in jeder Gefühlsregung, in jeder echt menschlichen Erfahrung werden wir eine Tiefe entdecken oder eine Höhe, die hinausführt aus unserer engen Welt, hinein in die Dimensionen der ewigen Vollendung, des Himmels. Es ist erschütternd zu erleben, wie durch die sichtbaren Farben der Welt eine unsichtbare Schönheit aufsteigt. Im Geheimnis der Mutterschaft erahnen wir ewige Geborgenheit; in dem der Vaterschaft ungebrochene Macht in kraftvoller Wandlung. Die Kunst tut uns eine Welt auf, die tiefer, lebendiger und wesenhafter ist als die Welt unseres täglichen Wandelns. In der Liebe sagen wir zu einem Menschen: Du bist ewig. In all diesen Erfahrungen wird die Welt durchsichtig auf ein Anderes, auf den Himmel hin.

Sehnsucht ins Unendliche

Schließlich sollte der Christ sich bemühen, dessen innezuwerden, was der Marxist Ernst Bloch in seinem »Prinzip Hoffnung« gezeigt hat: Der Mensch lebt, selbst in seinen banalsten Erfahrungen, stets ins Uferlose hinein. In den Märchen, im Trieb zu wechseln, in den Erlebnissen der Natur, in der Musik und im Philosophieren, in der Malerei und in der Dichtung, in der Technik und in den Entdeckungsfahrten. Überall, wo der Mensch Menschliches erfährt, träumt er sich in eine schönere, radikal »andere« Zukunft hinein. Es besser, schöner haben zu wollen, das schläft nicht ein. Im Zentrum all dieser Träume, im Konvergenzpunkt all dieser Sehnsüchte steht der Himmel.

Wir wollten hier nur einige Hinweise geben, wie der Christ sich in den Himmel »hineinleben« kann; wie er durch seine oberflächlichen Erfahrungen hindurch etwas erfahren kann, was all diese Erfahrungen übersteigt, das von keinem Auge je gesehen worden ist, das kein Ohr gehört hat und das kein Menschenherz je erfassen konnte, den Himmel. Nun möchten wir aber tiefer in das Geheimnis eindringen und uns deshalb nicht von den Weisen der Welt, sondern von den Einfachen belehren lassen.

Die Engel als Zeichen des Himmels

Würden wir einen einfachen Christen nach dem Himmel befragen, so würde er wahrscheinlich seine Antwort damit beginnen, daß er sagt: »Der Himmel ist dort, wo die Engel sind.« Himmel und Engel gehören in der christlichen Vorstellungswelt wesenhaft zusammen. Christus sagte ausdrücklich: »Im Himmel werdet ihr alle sein wie die Engel.« Deshalb ist die Antwort des Einfachen, wenn auch nicht erschöpfend, zutiefst richtig. Sie setzt uns auf eine Spur. Wenn wir über das Wesen der Engel nachdenken, kommen wir jener Wirklichkeit einen Schritt näher, die Himmel heißt und wo wir alle sein werden wie die Engel.

Was ist ein Engel? Romano Guardini weist in seinem »Der

Engel in Dantes göttlicher Komödie« eindringlich darauf hin, daß die Engel im Gefühl und in der Vorstellung der Neuzeit weitgehend zu weichlichen Wesen geworden sind. Die Gestalt des Engels erfuhr seit dem ausgehenden Mittelalter eine »sentimentale Degradierung«. »Wer sehen will, was sie eigentlich sind und wie sie im christlichen Dasein stehen, muß das meiste vergessen, was die Kunst der letzten fünf bis sechs Jahrhunderte — von der Andachtsindustrie nicht zu reden — hervorgebracht hat, und sich zuerst durch das Alte Testament belehren lassen.«

Vollkommene Selbstverwirklichung im Mitvollzug des gött-lichen Lebens

In der biblischen Offenbarung ist der Engel nicht jene rührende Aufsichtsperson, die das Kind davor bewahrt, von einer Brücke herunterzufallen oder von einer Schlange gebissen zu werden. Der Engel ist das früheste Geschöpf Gottes. Er hat einen einzigen Lebensinhalt: Gott. Seine Existenz besteht im Mitvollzug des göttlichen Lebens durch Liebe, Anschauung, Lob und Dienst. Seine Lebendigkeit kommt daher, daß er sich mit seinem ganzen Wesen für Gott entschieden hat. Diese Entscheidung fand im ersten Augenblick seines Daseins statt. Denn er ist reiner Geist und deshalb vollends einfach. In jeder seiner Taten ist sein ganzes Wesen gesammelt. Sein erster Augenblick war bereits klarstes Bewußtsein, wache Freiheit, restlose Selbstverwirklichung; eine ungeheure Tat gleich am Anfang des Lebens, der Entscheidung des Menschen im Moment des Todes ähnlich.

Wenn wir versuchen, einmal die Fülle unserer geistigen Erfahrungen zusammenzufassen — die Erfahrungen von Größe, Entrückung, Friede, Sehnsucht, Reinheit, Kühnheit, und vor allem Liebe —, dann erahnen wir etwas, was dem Engel wie sein Schatten gleichen könnte. Rilke begriff etwas vom Wesen der Engel, als er sie »frühe Geglückte, Verwöhnte der Schöpfung, Höhenzüge, morgenrötliche Grate aller Erschaffung, Pollen der blühenden Gottheit, Gelenke des Lichtes, Gänge, Treppen, Throne, Räume aus Wesen, Schilde aus Wonne, Tumulte stürmisch entzückten Gefühls« nannte.

Manifestationen des gewaltigen Gottes

Da ist zum Beispiel im Alten Testament der Bericht vom Jakobskampf. Den einsam in der Nacht wartenden Jakob greift ein Mann an. Er ist furchterregend, stark, seinsmächtig, im Geheimnis verborgen. Es ist ein Geschöpf, ein endliches Wesen also, der Engel Gottes. Und doch ist er Bote Gottes in dem ungeheuren Sinn, daß er irgendwie den Sendenden, also Gott selbst, bringt. Wenn im Alten Testament ein Engel erscheint, so geschieht Heiliges, Herrliches, aber auch zugleich Furchtbares und Schreckenvolles.

Im Neuen Testament mildert sich diese Furchtbarkeit, diese Wildheit der Engelwesen. Aber selbst hier haftet ihnen etwas Fürchterliches an. Wenn der Erzengel an der Seite des Räucheraltares erscheint oder bei Maria eintritt, wenn ein Engel vor den Hirten auf dem Feld steht und die Herrlichkeit Gottes ihn umleuchtet, wenn er am Ostermorgen mit flammendem Angesicht das Grab öffnet und den Frauen erscheint, dann lautet sein erstes Wort immer: »Fürchte dich nicht!«

Ganz ins Übergewaltige steigen wieder die Engelsgestalten in der »Geheimen Offenbarung« des Johannes. Sie sind Weltwesen, ja Weltwesenheiten. Vor das versiegelte Buch tritt ein gewaltiger Engel und verkündet mit mächtiger Stimme das Schicksal der Welt. Vier andere stehen an den Enden der Erde und bändigen die Winde. Sieben stehen vor Gott mit goldenen Posaunen, deren Stoß unendliche Schrecken auf die Welt bringt. Einer tritt mit goldenem Rauchgefäß vor den Altar, füllt es mit Feuer und schleudert es auf die Erde. Bis zu jenem gewaltigen Engel, der vom Himmel herabkommt, angetan mit einer Wolke, den Regenbogen um das Haupt, das Angesicht wie die Sonne, seine Füße wie Feuersäulen, den rechten Fuß auf das Meer, den linken auf das Land setzt, mit mächtiger Stimme ruft, wie der Löwe brüllt.

In steter Gegenwärtigkeit

Die Engel der Offenbarung sind also nicht kleine, hübsche, rührende und niedliche Wesen. Sie übersteigen dermaßen alles Menschliche, daß sie uns, wenn sie unseren Daseinsbereich betreten, durch die Macht ihres Wesens gefährden. Sie sind Licht und Glut der Schöpfung, Wesen ergriffenen Schauens, Anbeter in tiefster Sammlung, Durchforscher der Tiefen der Gottheit. Die Grenzen des Raumes und der Zeit bestehen für sie nicht. Sie steigen auf, dringen ein, durchmessen den ganzen Weltbereich. Der Engel ist der im Seinsraum wesenhaft überallhin Durchdringende, also für unsere Vorstellung der Fliegende. Daher denn auch das Symbol der Flügel. Die Engel stehen vor Gott. Das heißt aber: Sie sind überall anwesend. In der Theologie des heiligen Paulus sind sie »Prinzipien der Welt«, aus denen die Dinge gleichsam herausragen, ihre Anschauungsgestalt uns zuwenden. Hinter den Dingen, Begebenheiten, geschichtlichen Ereignissen stehen Engel und wesen uns überall, unaufhörlich, in seinshafter Gegenwärtigkeit an. Deshalb ist unsere Welt heilig und der Innenraum der Schöpfung bereits Himmel.

Gelegentlich und an auserwählten Stellen verdichtet sich die Gegenwart der Engel zur unmittelbaren Greifbarkeit. So zum Beispiel in den Kindern und in den Wehrlosen. Hinter den Wehrlosen, vornehmlich aber hinter den Kindern, die uns ja ganz wehrlos ausgeliefert sind, steht nach dem Wort Jesu Christi Gott selber, in der Gestalt des Engels. Wenn wir ihnen etwas zuleide tun, tasten wir etwas an, was unmittelbar ins

Verborgene Gottes führt. Hier wird übrigens die heilige Würde der Wehrlosen deutlich. Das Kind ist ein Verdichtungspunkt der Gegenwart der Engel in dieser Welt. Das Kind, weil es wehrlos ist. Allem Wehrlosen fällt das gleiche zu. Der Engel ist ganz besonders dort gegenwärtig, wo aus dem inneren Wesen des Geschöpflichen heraus Wehrlosigkeit geschieht, wo das Sein zart und heilig wird, wo sich das Leben ins Innere neigt. Da sind überall Engel. Dort öffnet sich der Himmel.

Diese flüchtige Betrachtung über das Wesen der Engel hat uns, allerdings nur in einer ersten Annäherung, der Beantwortung der Frage nach dem Wesen des Himmels nähergeführt. Denn im Himmel werden wir alle den Engeln ähnlich. Worin diese Ähnlichkeit mit diesen furchtbar-herrlichen Wesen Gottes bestehen wird, lassen wir jetzt noch dahingestellt. Am Ende unserer Betrachtung wird diese Frage von selbst eine Antwort erhalten. Worauf es uns bei dieser kleinen, einführenden Betrachtung über die Engel ankam, ist dies: Wir sollen den Himmel, für dessen Gegenwart die Engel nur ein schwaches Zeichen sind, ganz groß denken, das Kleine und das Verniedlichende wegtun. — Es sei nun gestattet, unserer eigentlichen Betrachtung über den Himmel noch eine Vorfrage vorauszuschicken, die sich auf etwas scheinbar Nebensächliches bezieht, die uns aber dicht an die Wesensbestimmung des Himmels heranführen wird. Die Frage lautet: Wo ist der Himmel?

»Ort« des Himmels

In der Geschichte der Religion bekam diese Frage zwei grundverschiedene Antworten.

Die eine Grundform der Religiosität, die sogenannten »uranischen« oder Himmelsgewölb-Religionen, deren Einfluß auf uns Christen sehr stark gewesen ist, sucht den Ort Gottes, den Himmel, »oben«. Diese religiöse Einstellung ist dem Weltgefühl der Jäger und der Nomadenhirten entsprungen, dem Weltgefühl von Menschen also, die das Geheimnis des Sternenhimmels und der glühenden Sonne mit allen Fasern ihrer Existenz erlebt haben. Am Anfang wurde dieses »Oben« wohl ziemlich räumlich vorgestellt. Doch bekam es mit der Zeit eine andere Deutung: Das »Oben«, wo Gott wohnt, ist nicht eine »räumliche«, sondern eine Sinn-Höhe. Es ist jene Sphäre des Seins, die schlechthin über alles Weltliche hinausragt, der Ort der Entrückung, jenes, was wir nur mit einer unbedingten Anstrengung unseres ganzen Wesens, mit einem alles übersteigenden Überschritt hinauf und hinaus berühren können. Gott wohnt in einer schlechthinnigen Transzendenz. Er ist der schlechthin »Darüber-hinaus-Liegende«, der menschlich »Unerreichbare«.

Dieses absolute »Oben« ist für uns Christen Jesus Christus, der auferstandene Herr. In seiner Himmelfahrt durchbrach er die Mauer der Welt, stieg hinauf, nicht zu den Sternen, nicht in den Weltraum, sondern absolut »hoch«. Und dieses Hohe hat er mit seinem gottmenschlichen Wesen erfüllt. Das »Oben« ist dort, wo der auferstandene Herr ist. Jede Bewegung des Herzens, die auf ein »Oben« abzielt, jede Anstrengung, »hinauf« zu gelangen, ist eine Bewegung zu unserem Herrn.

Die andere Grundform der Religiosität, die sogenannten »chthonischen« oder Erd-Religionen, sucht den Ort Gottes, den Himmel, »unten« oder vielmehr »innen«, in der »Tiefe«. Diese religiöse Grundeinstellung ist dem Weltgefühl der Pflanzer- und Ackerbaukulturen entsprungen, dem Weltgefühl von Menschen also, die die Fruchtbarkeit des vom Innenraum der Erde Hervorsprießenden auf religiöse Weise erfahren haben und unaufhörlich mit der ungebändigten Macht der tropischen Vegetation zu kämpfen hatten.

Diese Innerlichkeit, diese Verborgenheit, ist wiederum nicht

»räumlich« zu denken. Sie ist eine Sinn-Tiefe. Sie liegt nicht etwa im Mittelpunkt der Erde oder an einem anderen, räumlich definierbaren Ort. Sie ist der Bereich, der ganz unten, auf der anderen Seite der Wirklichkeit, »darüber hinaus nach innen« liegt, tiefer als unser Herz, tiefer als unser Seelengrund, tiefer als alle Tiefe der Welt. Damit ist die reine Immanenz Gottes gemeint. Auch im Innern aller Innerlichkeit wohnt Gott, und zwar in der Weise der Entrückung in das Weltall hinein. In diese Sphäre der reinen Innerlichkeit der Welt und der Seele ist Christus in seinem Niederstieg, den wir Höllenfahrt nennen, ins Herz der Erde hinabgestiegen. Er ist damit das schlechthin Innige und Verborgene des Alls geworden.

Eingehen in die Gegenwart Gottes

Christus ist also für uns noch unzugänglich und verborgen, absolut hoch und tief. Diese Unzugänglichkeit und Verborgenheit Christi wird im Himmel aufhören, das heißt, die Aufhebung dieser Unzugänglichkeit und Verborgenheit wird den Himmel erschaffen. Darin wird jedes Sein aufleuchten. Gott wird endgültig »da« sein, in reiner Gegenwärtigkeit. Das ist Himmel.

Alles Innere ist zum Ausdruck gelangt, alle Verborgenheit ist offenbar geworden. Das Äußere ist voll Tiefe. Das Verborgene ist eingegangen in die lebendige Schwingung des offen Daliegenden. Alles Oben hat sich ausgewirkt, alles Unten ist hinaufgelangt. Alles ist erfüllt, alles ist eins. Es gibt nichts Unzugängliches und nichts Verborgenes mehr. Das Unzugängliche und das Verborgene liegen jetzt offen da.

Gott, das heißt Gott in Christus, ist jetzt nicht mehr »außerhalb« und »innerhalb« der Welt; er ist selber zur Welt geworden, zu unserem gelebten Lebensraum. Oder wie das Neue Testament sich ausdrückt: Er ist jetzt »alles in allem«. Eine ungeheure Behauptung. Durch alles Weltliche hindurch scheint die Lichtfülle Christi, die unendlich strömende Fülle des Segens und der Schönheit. Dieser Christus, der »alles in allem« ist, wird also im Himmel unser Ort sein. Himmel ist also nicht ein anderer Ort, nicht eine andere Welt, sondern ein neuer Zustand der Welt, eben jener Zustand, in dem Christus »alles in allem« ist. Alles wird in sein gottmenschliches Dasein hineingehoben und mit ihm bis zum Rand gefüllt. Die ganze Schöpfung, der ganze Reichtum unseres Weltgebildes, die Sonne, der Mond, die Gestirne, die Räume, die Erde, das Meer, die Inseln, die Berge, die Pflanzen, die Tiere, alles ist im Himmel die Dimension Jesu Christi, des auferstandenen Herrn.

Selbstoffenbarung Christi

Christus hat diese Umformung des Alls in seiner vierfach-einen Tat der Erlösung und Vollendung, das heißt in seinem Tod und Niederstieg, in seiner Auferstehung und Himmelfahrt bereits vollzogen. Auch wurde er in der eucharistischen Speise zum Lebensprinzip unseres Daseins. Diese Verbundenheit des Christen und der Welt mit Christus ist aber jetzt noch nicht offenbar. Sie liegt noch in einer heiligen Vorbehaltenheit, in der Sphäre des Unzugänglichen und des Verborgenen. Im Himmel, wo alles Unzugängliche und Verborgene offen sein wird, das heißt das Obere heruntersteigt und das Untere hinaufgelangt, wird alles, was wir jetzt bereits in uns tragen, alles, was wir jetzt besitzen, zum Wesensraum des Lebens. Das zentrale Element der Himmelswerdung ist also ein Offenwerden. Die Selbstoffenbarung Christi stiftet den Himmel.
Himmel geschieht für uns, wenn — wie Paulus im Epheserbrief sagt — »wir zur Einheit in der Erkenntnis des Sohnes Gottes, zum Ausmaß der Größe der Fülle Christi gelangen«, wenn wir also Christus in der Fülle seines Seins, in seinen die ganze Menschheit und das ganze Weltall umspannenden Dimensionen offen erkennen. Das ist übrigens auch die »Definition«,

die unser Herr selber vom Himmel gegeben hat: »Das ist das ewige Leben, daß sie den erkennen, den du gesandt hast.« Himmel heißt also zunächst und zentral:

»CHRISTUS ERKENNEN«

»Erkennen« bedeutet im biblischen Wortgebrauch keinen rein verstandesmäßigen Vorgang, sondern das »Einswerden zweier Wesen in der Liebe«. Es heißt in der Genesis: »Adam erkannte Eva, seine Frau, und sie wurde guter Hoffnung und gebar einen Sohn.« Die Einswerdung zweier Menschen in der leibseelischen Liebe ist nur ein schwaches Abbild des höchsten Erkennens, das zwischen dem Erlösten und Christus stattfindet: innere Teilhabe an seiner personalen Wirklichkeit, liebende Vereinigung mit ihm, worin sein ganzes Wesen vor uns aufleuchtet und unser wird. Darin wird zugleich alles unser, was er in sich trägt: der ganze Kosmos, die ganze Menschheit, alle Reichtümer und Schönheiten der Erde, und zutiefst die Heilige Dreifaltigkeit. Schon jetzt tragen wir all das in uns. Aber noch nicht als offengewordenen Seinszustand. Im Himmel wird das alles gleichsam gelebter Bestandteil unseres Wesens, gespürt, erlebt, wirklich und untrennbar. Johannes drückt das Gesagte in seinem ersten Brief folgendermaßen aus: »Geliebte. Es ist noch nicht in Erscheinung getreten, was wir sind. Wir wissen aber, wenn Christus in Erscheinung tritt, so werden wir ihm ähnlich sein, denn wir werden ihn sehen, wie er ist.«

Unaufhörliche Neuwerdung in restloser Erfüllung

Das »Sehen« in diesem Text ist ein anderes Wort für jenes »Erkennen«, von dem vorher die Rede war. Es ist der Ausdruck für die höchste Vereinigung mit Gott, für das ek-sta-

tische Hinübersein des Menschen bei Gott und für das in-
statische Inunssein Gottes. Das »Sehen«, das hier gemeint
ist, verwandelt unser ganzes Sein zu einer Fähigkeit des Hin-
einragens in die Gottheit. Es ist ein liebender Blick Gottes auf
uns und unser liebender Blick auf Gott. Ein Vorgang, worin
die ganze Schöpfung hell wird, wie Kristall.

Es besagt aber keineswegs, wie es oft (fälschlicherweise)
vor- und dargestellt wird, ein unbewegliches, steifes, hölzer-
nes Starren auf ein äußeres Schauspiel, sondern ein ewiges
Hervorgehenlassen, ja Erschaffen der Welt aus unserem
Schauen heraus. Überhaupt bedeutet die Ruhe, ein Begriff, der
in bezug auf die ewige Seligkeit oft gebraucht wird, keineswegs Erstarrung. Nichts ist im Himmel starr und bewegungslos. Alles ist im Gegenteil in höchster Anspannung geballter
Aktivität. Die ewige Ruhe ist die Weise dieses Inbewegung-
bleibens: die Gelassenheit, die Sammlung, die Muße, die
Krampflosigkeit des Seins und des Besitzens.

Daß der Himmel nicht als Erstarrung aufgefaßt werden kann,
geht aus der Unermeßlichkeit Gottes hervor, aus der Unausschöpflichkeit seines Wesens. Ist nämlich Gott im radikalsten
Sinne unendlich, so muß unser Bei-Gott-sein im Himmel als
ein unaufhörliches Hineinwachsen, Hineinschreiten in Gott
aufgefaßt werden. Das Bei-Gott-sein ist dann zugleich ein nie-
mals endendes Aufsteigen zu ihm. Stehen und Bewegung zugleich. Weil Gott in seinem Wesen grenzenlos ist, muß notwendig unsere ewige Wesensgemeinschaft mit ihm grenzenlos sein und fähig, immerdar mehr zu empfangen.

Diese Dialektik der ewigen Seligkeit könnte erst dann ein
Ende nehmen, wenn unser Wesen gänzlich mit Gott zusammenfallen würde. Da aber dies wegen der Unermeßlichkeit
und Unausschöpflichkeit Gottes nie geschehen kann, dauert
sie in Ewigkeit fort. Unaufhörliche Neuwerdung in restloser
Erfüllung: Das ist die Struktur unserer ewigen Seligkeit. Das
ist der Zustand, wo nicht Sattheit und Überdruß zu erwarten

sind, wo die Begierde in der Erfüllung sich nicht abspannt
und die Sehnsucht ihre Glut in der Lust noch behält. Unsere
restlos erfüllte Sehnsucht wird im Himmel ein frisches Sehnen nach Gott erzeugen. Und das während der ganzen Dauer
endloser Ewigkeit.

Überfülle des Lebens

Die heilige Theresia von Lisieux, eine Heilige, die ganz aus der
im Glauben empfundenen Nähe des Himmels lebte, bekam
ihren ersten, unvergeßlichen Eindruck über den Himmel bei
der Lesung des folgenden Textes von *Abbé Arminjon.*
»Und der dankbare Gott spricht: Jetzt bin ich an der Reihe!
Wie kann ich auf die Gabe, in der meine Auserwählten sich
selbst dargebracht haben, anders antworten, als daß ich mich
selbst ohne Maß schenke? Wenn ich das Zepter der Schöpfung
in ihre Hände legte, wenn ich sie mit den Strömen meines
Lichtes bekleidete, das wäre viel; das wäre viel mehr, als sie
zu wünschen und zu hoffen gewagt hätten. Das wäre aber
nicht der letzte Aufschwung meines Herzens. Ich schulde
ihnen mein Leben, mein Wesen, mein ewiges und unend-
liches Sein. Es ist notwendig, daß ich die Seele ihrer Seele sei,
daß ich sie durchdringe und tränke mit meiner Göttlichkeit,
so wie das Feuer das Eisen tränkt. Indem ich mich ihnen unver-
hüllt, schleierlos zeige, muß ich mich mit ihnen in einem
ewigen Gegenüber von Angesicht zu Angesicht vereinigen,
so daß meine Herrlichkeit sie erleuchtet, sie durchdringt und
aus allen Poren ihres Daseins strahlt, damit sie mich erkennen, wie ich sie erkenne, und sie so selbst Götter werden.«
Christus verspricht im Himmel jedem sein eigenes Glück. Das,
wonach er am meisten verlangt. Der Samariterin ewiges
Wasser. Den Leuten aus Kapharnaum ewiges Brot des Lebens.
Den Fischern überfülltes Netz. Den Hirten Judäas große
Herde und ewiggrünen Weideplatz. Den Händlern unendlich

kostbare Perlen. Und uns allen immer wieder ewiges Gast-
mahl, ständige Hochzeit, ein Symbol der unendlichen Beglückung im Besitz der teuersten Person unseres Lebens. Den
Griechen versprechen die Apostel dann, was ihnen am meisten Glück bereitet: Wissen, Erkennen, unendliche Geborgenheit in einer harmonischen, geistigen Stadt, feierliche Prozes-
sionen, durchsichtiges Sein, aufgebaut aus leuchtenden Edelsteinen. Und all das wird uns entgegenkommen, die Geheimen Offenbarungen beteuern es unaufhörlich in ihren ständig
wechselnden Bildern und Landschaften, als fortwährende
Neuheit, in einer nie endenden Abwechslung. All diese Gaben des Glücks und des Beschenktwerdens stehen aber nicht
für sich, sondern strömen uns zu, gleich Wogen des Selbst-
schenkens Christi.

Gott, »alles in allem«

Das Unvorstellbare ereignet sich da, und wir müssen es glauben, denn unser Herr hat es selber gesagt: »Selig die Diener,
die der Herr bei seiner Ankunft wachend findet. Wahrlich,
ich sage euch, er wird sich gürten, sie Platz nehmen heißen,
und wird selber herbeikommen, um ihnen zu dienen.« Gott
selbst, dieser ewig dienende Gott, wird für uns »alles in
allem« werden. Nicht, als ob die Dinge, die Personen und
die Ereignisse aufhörten, sie selbst zu sein, sondern weil Gott
selber uns in ihnen, unter tausend Gestalten, entgegenkommt
und weil er ihre kleine, endliche Wirklichkeit durch seine
mächtige Gegenwart hebt und aus ihnen unendliche Geschenke wirkt.
Das Schauen dessen, was wir jetzt vom Verborgenen her erahnen, das Vernehmen dessen, was bereits jetzt gelegentlich
durch das Getöse der Welt wie aus einer ewigen Stille laut
wird, das tastende Empfangen dessen, was wir bereits jetzt
in seinen irdischen Gestalten berühren, aber nie wirklich hal-

ten können: das wird Himmel sein. Nicht Ideenwelt der Neo-
platoniker, herrlich, aber blutleer und abgemagert, sondern
die Fülle, bis in die Unendlichkeit gesteigerte Wohlgestalt
unserer sinnhaften Wahrnehmungen, die unmittelbar Gott
als Geschenk einfassen. Es wird jenes Unaussprechliche geschehen, wofür die Kirche in der Hymne an den Heiligen
Geist betet: »Accende lumen sensibus.« Das Licht Gottes wird
in all unseren Sinnen aufleuchten. Es wird sich jenes ereignen,
was die Mystiker und auch die tief religiösen Menschen be
reits jetzt in zahlreichen Spiegelungen erfahren: Gott wird
von uns gesehen, gehört, getastet und geschmeckt. So wird
im Himmel alles Geistige in den Bereich des Sinnhaften, und
alles Sinnhafte in den Bereich des Geistigen versetzt. Selbst
Gott. Und der Mensch wird ganzheitlich der ganzen Wirklichkeit inne, welche Körper und Geist, Gestalt und Licht, Sein
und Sinn in einem ist — der heilen Welt. Aller Pantheismus
ist nur kindliche Träumerei gegen dieses letzte Einswerden
Gottes mit der Schöpfung, wobei die Verschiedenheit nicht
aufgehoben wird, sondern die Innigkeit der Zusammen-
schmelzung noch steigert.

Ganzheitliche Selbstwerdung

Diese Unmittelbarkeit zu Gott im Himmel ist die Bedingung
der Möglichkeit unserer ganzheitlichen Selbstwerdung. Schon
hier im irdischen Leben — vornehmlich in der Liebe — erfahren wir folgendes: Erst indem wir uns loslassen, uns von uns
selbst befreien, werden wir wirklich »wir selbst«. Im Himmel
wird nun die ganze Person zur Hingabe, zur Selbstloslösung,
zum »Sich-in-Gott-hinein-Vergessen«. Der gierige Griff, mit
dem sich der Mensch bis dahin an sich selbst festhielt, löst
sich jetzt, und unser ganzes Sein liegt da, hingehalten auf
der liebenden Hand der Selbsthingabe, als leuchtendes Geschenk. Im Himmel vollzieht sich unsere radikale Kleinwer-

dung, und gerade darin werden wir groß, erlangen einen unbedingten Bestand. Ein Verschwimmen und Verlorengehen
im überreichen Leben Gottes, wodurch wir aber nicht aufhören, Geschöpfe zu bleiben. Der Mensch verliert sich, und sein
Verlorensein macht ihn zum Vollendeten.

Ein Ähnliches vollzieht sich in der Eucharistie: Das Geschöpf-
liche wird dermaßen klein, gibt sich so radikal auf, daß es
seine Eigentlichkeit, seine Substanz in Christus hinein verliert. Wir verlieren uns vollends in Gott und erhalten uns
selbst ganzheitlich und vergöttlicht zurück. So wird der
Mensch im Himmel »er selbst«. Alles, was wir im Leben er-
strebten, halb verwirklichten, und auch alles, was wir nicht
sein konnten, was uns verborgen, versagt, als totgeborene
Möglichkeit gegeben war, erblüht jetzt zur vollen Wirklichkeit. Und wir verstehen, daß wir nie etwas verloren haben,
am wenigsten das, worauf wir in unserem Leben verzichten.

Durchgeistigte Leiblichkeit

Unser Leib selbst wird zu unserer Person, zum vollendeten
Ausdruck unseres inneren Seins. Ein Leib, den wir in der
Kraft Gottes uns selber erschaffen und nicht, wie in unserem irdischen Leben mit all seinen Einengungen und Voraus-
bestimmungen, von den Eltern bloß erhalten. Ein Leib, von
einer neuen und nie endenden Mächtigkeit des Geistes ge-
formt, ganz aus dem Göttlichen herkommend und immer
wieder ins Göttliche zurücktauchend. Erst jener Leib ist ganz
vollendet, der in den Geist ganzheitlich aufgenommen ist.
Was Menschenleib wirklich bedeutet, wird erst im Himmel,
im Zustand der Auferstehung und Verklärung deutlich. Nicht
für sich abgesetzt, nicht eine Schranke gegen die Welt,
gegen die Menschen und gegen Gott, sondern Ausdruck einer
ganzheitlichen Vereinigung mit dem All.

In einer unbedingten Hingabe an Christus werden wir also

im Himmel »wir selbst«. Das ist das Grundgesetz geistiger Schöpfung: Für jeden werden die besten Früchte von einer Hand gepflückt, die nicht die seine ist. — Daraus erhellt übrigens auch, daß wir den Himmel nicht so sehr in uns selbst als in den anderen Personen, vor allem in Christus, aber auch in den anderen auferstandenen und verklärten Menschen finden werden, und erst nachträglich, im Mittelpunkt der von den anderen her zu uns zurückströmenden Liebe, in uns selbst. Das ist die nächste Grundbestimmung des Himmels. Er ist ein zum Zustand gewordenes:

Mitsein in der Liebe

Die geliebten Menschen unseres Lebens werden für uns Himmel. Das geliebte Du entfaltet sich im Himmel zur ewigen Beglückung. Unsere verklärte Liebe zueinander schafft neuen Seinsraum. Die Liebenden erfahren übrigens bereits jetzt, im irdischen Leben, freilich nur dunkel und geheimnishaft, eine ähnliche Umwandlung der Welt im Licht der Liebe. Überall spielt schon jetzt die Liebe ihre Verzauberung. Die Straße oder Stadt, worin der geliebte Mensch wohnt, vergoldet sich, wird zum Fest. Sein Name strahlt auf die Steine, Ziegel und Gitter aus. Im Himmel wird all das zur seinsschaffenden Wirklichkeit.

Aus der Glut der sich ineinander verlierenden Blicke der Liebenden entsteht im Himmel der neue, leuchtende Kosmos. In ihrem ewigen Mitsein, in ihrer immerwährenden Umarmung geschieht neues Sein. Wir erfahren das Warme, das Strahlende, das Lebendige, den verschwenderischen Reichtum jenes Menschen, den wir lieben, und jubeln mit ihm und danken Gott für ihn. Sein ganzes Wesen, die Weite seiner Seele, die Geräumigkeit seines Herzens, das Schöpferische, das Umfassende, das Erweckende seiner Gegenliebe wird uns endgültig zum Geschenk.

Durch die vergangenen Freuden seines irdischen Lebens ist er noch freude-fähiger, freude-empfänglicher geworden, und in unserem Mitsein wird jetzt jede frohe Stunde weiterleben, die wir miteinander hatten. Und was er Schweres und Bitteres erlebt hatte, steht jetzt in der Ewigkeit wie ein starker Sieg, wie ein Triumphbogen unerschütterlichen Lebens. Alle vergangenen Kämpfe leben in ihm weiter als große Tragkraft der Liebe. Die Schläge des Schicksals haben eine wunderbare Weichheit und Sanftheit in seinem Wesen hinterlassen, in dem jetzt alle Dinge, alle Personen, die ganze Welt sich einprägen und ausdrücken können. Alles Dunkel, das er je geschaut, hat seine Augen glänzend gemacht und lichtfähiger für die ewige Schau. Seine Augen: Sie leuchten jetzt in Unschuld wie Kinderaugen und bleiben trotzdem scharf und durchdringend. Es ist jetzt eine Milde, eine Harmonie und eine Ruhe in diesen Augen, und alles ist in ihrem Blick beheimatet.

Sein ganzes Wesen ist ein Sturm von Ruhe und Gleichgewicht, von Harmonie und Rhythmus. Er ist zum Herrscher der Welt geworden, königlich, sicher, bewußt und mutig. Seine Weisheit ist eine einzige Schau bis in die Weiten Gottes, die mit einem abgründigen und doch allumfassenden Blick alle Dinge umhüllt. So wird jene Person sein im Himmel, jede Person, ja gewissermaßen die ganze Menschheit in jedem ihrer Vertreter, die wir lieben, und in ihrer zum Seinszustand entfalteten Liebe werden wir ewig Heimat finden. Ihre Liebe und ihr Wesen werden für uns zum immerwährenden Ort des Seins.

Eine der tiefsten Einsichten der christlichen Theologie besteht darin, daß Christus zwar gekommen ist, bis zum Ende der Welt aber stets im Kommen bleibt. Durch die ganze Geschichte hindurch vollzieht sich Christusgeburt. Christus bleibt bis zum Ende der Zeit noch im Werden. Die Christen bauen seinen Leib auf. Von daher wird ersichtlich, was das Wesen des christlichen Lebens ausmacht. Wir versetzen uns, indem wir Christen sind, in Christus hinein, wachsen mit ihm zusammen, werden zu Christen.

Paulus erblickt das eigentliche Geheimnis des Christ-Seins darin, daß Christus im Glaubenden existiert und der Glaubende in Christus. Wir gehen in Christi Dasein auf, ohne aber dabei unsere Eigenpersönlichkeit zu verlieren. Dieser Vorgang des Einswerdens mit Christus heißt »christliches Leben«, und seine Vollendung ist der Tod. Wenn dann einmal das Maß Christi voll ist, wenn alle, die seine Fülle, sein Pleroma ausmachen sollen, in ihn hineingestorben sind, dann ist der »kosmische Christus« geboren, dann wird er erscheinen. Und mit ihm werden auch wir erscheinen. Unser in Christus verborgenes Leben wird offen, entfaltet sich zum Seinszustand. Das ist der Sinn der im Kolosserbrief beschriebenen geheimnishaften Begebenheit: »Euer Leben ist mit Christus in Gott verborgen. Wenn dann Christus, unser Leben, hervortreten wird vor aller Augen, so werdet auch ihr hervortreten in Herrlichkeit.« Unter der Hülle der Dinge entsteht also langsam ein heiliges All.

Eines Tages, wenn Christus sein »kosmisches Vollalter« erreicht hat, wird sich die Spannung zwischen Gott und der Welt entladen. Wie ein Blitz, der von einem Pol zum anderen fährt, wird sich Christus jählings offenbaren. Seine Gegenwart wird alle Dämme durchbrechen und das All überfluten. Der universale Christus, die Sonne der ewigen Verheißung, wird über dem Universum aufgehen. In diesem Augenblick wird Christus, der die Menschheit in sich selbst sammelte und durch sie das Weltall, sich der Umarmung des Vaters hingeben. Der Traum jeder Mystik wird seine volle Erfüllung gefunden haben: Erit in omnibus omnia Deus. Gott wird alles in allem sein. Am Ende steht eine ganzheitlich in Transparenz Gottes umgewandelte Welt.

Ein Mann tiefen Gebetes, der um die geistlichen, mystischen Bezüge der Welt aus innerer Erfahrung weiß, schilderte einmal den Eintritt des Menschen in den Himmel mit folgenden Bildern:

»Der Anfang«

»Aus der Agonie des Sterbens plötzlich erwacht, ganz selbst geworden, in einer mein Dasein restlos zusammenfassenden Entscheidung für Gott, öffnet sich vor mir eine neue, tiefgewordene, geistig durchsichtige Welt. Scharen von verherrlichten Wesen strömen mir entgegen. Das Himmelsgesamt dreht sich um mich wie um seine eigenste Mitte. Zu mir steigen die Bewunderung und die Liebe, ja die Anbetung der Heiligen und der Engel. Anbetung: Sie gilt nicht meinem schwachen, geschöpflichen, kleinen und nichtigen Sein, sondern dem, dessen durchsichtiges Gefäß ich geworden bin. Alles um mich herum liegt da wie im reinsten Mittagslicht der göttlichen Liebe. Ich schreite mit königlich gewordener Gebärde durch die verbeugten Gestalten gesammelter Wesentlichkeit. Bis mich auf einmal ein vertrautes, aber erst jetzt in seiner Fülle empfundenes Gefühl heiligen Schauders erfaßt und durch all meine Adern rauscht: Gott ist da.

Nun stehe ich stumm, denn es ist nicht an mir zu sprechen. Die göttlichen Personen kommen mir jetzt entgegen. Sie danken mir, daß ich an ihre Liebe geglaubt habe. Sie bewundern mich Winzigen, den eine unbedachte Berührung zunichte machen könnte und dessen besten Gedanken bis dahin Dinge zugesellt waren, die, dächten die Engel sie, sie blitzartig ihres Lichtes berauben würden. Sie bewundern mich, daß ich den Himmel erobert habe. Plötzlich weiß ich, daß ich nichts bin, obwohl ich so Großes vollbracht habe, daß die Himmelstiefen sich darob in Staunen ergehen.

Alles ist Geschenk. Die göttlichen Personen sagen mir nun, wie unruhig ihr Herz war, bis es in mir Ruhe fand. Sie schenken mir alles. Ihr Wissen um das Weltall und alle Menschen — und Engelherzen zu erkennen. Ihr Wollen, um das ganze Sein zum liebenden Dienst zu heiligen. Ihre Liebe, um sie mit ihrer eigenen Liebe umfassen zu können und alles Seiende in ihnen. Mein Sprechen verstummt.«

Und auch das Sprechen muß verstummen, um das Herz mit seinen gebetserfüllten Ahnungen allein zu lassen. Es soll keine Angst haben, den Himmel mit seinen eigenen Vorstellungen auszumalen. Die menschlichen Vorstellungen sind heilig, und wir haben ein Recht auf die Vermenschlichung des Göttlichen und des Himmlischen. Der unwiderruflichen Vermenschlichung Gottes, die in der Menschwerdung Christi geschehen ist, können wir es ja in Ewigkeit nicht gleichtun.

Damit sind wir am Ende unserer Betrachtungen über die Krankheit, das Leid und den Tod angelangt. Alles mündete in der göttlichen Freude. Diese stille, unaufdringliche Freude sollte der Christ hinaustragen in eine Welt, die so wenig Freude und so viel Leid kennt. Er darf nicht vor der Leere seines eigenen Herzens erschrecken. Unser Herr versprach, daß aus uns Ströme lebendigen Wassers fließen werden. Wenn wir versuchen, ohne Hast und ohne selbstsüchtige Unerbittlichkeit, einfach und in gottvertrauender Ruhe, uns für das unverdienbare Geschenk Gottes mitten in der Welt, mitten in unserem Beruf, bereitzuhalten, dann werden aus uns, selbst unbewußt und ohne Vorsatz, Ströme lebendigen Wassers der göttlichen Freude ausbrechen.